LA

# POLITIQUE EXTÉRIEURE

PARIS. — TYP. DE ROUGE FRÈRES, DUNON ET FRESNÉ
Rue du Four-Saint-Germain, 43.

L'AVENIR DU SECOND EMPIRE

LA

# POLITIQUE EXTÉRIEURE

ALLEMAGNE — ROME — ORIENT

PAR

DENIS GUIBERT

PARIS
E. DENTU, LIBRAIRE-ÉDITEUR
PALAIS-ROYAL, GALERIE D'ORLÉANS

1868

Ce livre, inspiré par le libre examen des faits, des mobiles et des intérêts politiques, est à la fois une œuvre d'actualité et une œuvre de recherches laborieuses, de théories justes et justifiées.

On pourrait dire que c'est une étude assez complète, non-seulement sur la politique française, mais aussi sur la constitution actuelle des peuples et des Etats européens, et sur la politique qui leur est propre, écrite à propos des événements récents et en vue des événements prochains.

La situation générale de la France y est appréciée dans son ensemble et dans son intégrité, avec le calme qui convient aux sentiments de patriotisme dont le cœur de tout citoyen doit être animé. Les solutions possibles, y sont prévues avec réserve. Si une conclusion funeste, ressort de ces considérations, si la guerre apparaît comme une nécessité flagrante après cette lecture, c'est que l'analyse des éléments qui sont en présence et en hostilité, aura démontré qu'elle est rigoureusement indispensable.

Aujourd'hui, dans toute l'Europe, l'esprit public, détourné par une suite de diversions, dont la véritable portée est déterminée plus loin, des questions qui doivent fixer son attention la plus grave, semble être entré dans une période d'apaisement : mais les antagonismes subsistent, et malgré les changements de ministères, malgré les déclarations les plus sincères ou les plus habiles, malgré les efforts les plus convaincus et les plus louables, la fin logique et naturelle de l'ère de troubles et de violences que nous traversons, sera la lutte, la violence dernière que l'on indique ici : en un mot, les mêmes causes produiront les mêmes effets.

Les raisons en sont déduites, d'ailleurs, avec la liberté d'esprit la plus entière : elles ont actuellement la même valeur et la même force qu'il y a deux mois, lors des premiers symptômes d'agitations en Italie, qu'il y a dix mois lors de l'affaire du Luxembourg, qu'il y a un an et plus lors de la paix de Prague.

Tous les événements qui se sont produits, *tous ceux qui se produiront* depuis la première manifestation des causes de trouble qui menacent l'équilibre européen, — dont l'auteur de ces quelques pages admet du reste la nécessité et l'utilité générales *à priori*, — jusqu'au conflit prévu entre les diverses forces qui sont en antagonisme, n'ont été et ne seront que des complications.

Le moment est donc propice pour présenter aux hommes de science et de réflexion, quelques appréciations sérieuses et en tout cas sincères.

On peut s'occuper encore des considérations théoriques, des principes et des paroles.

On ne devra plus bientôt s'entretenir que des faits, des compromis, des actes.

---

# L'AVENIR DU SECOND EMPIRE

— PREMIÈRE PARTIE. —

# LA POLITIQUE EXTÉRIEURE

---

## I

### L'Empire et l'avenir.

Les destinées d'un gouvernement se lient d'une façon intime et naturelle, non-seulement à la fortune des principes sociaux qui dirigent sa politique, mais aussi aux relations qui s'établissent entre ces principes et ceux qui guident les peuples et les gouvernements voisins.

La politique n'est nullement un jeu de hasard. Le caprice des événements qui modifie de façons diverses les situations et les influences n'en est pas la force suprême et dirigeante.

Les peuples sont, en réalité, les seuls maîtres de leur avenir, et leur abaissement passager ou définitif résulte toujours de leurs fautes ou de leur imprévoyance.

Tout peuple représente une force, et toute force a

fatalement une raison d'être qu'elle tire de son existence elle-même, une place et une action marquées dans l'organisme politique d'un monde.

Si l'étude du passé offre quelque intérêt, c'est qu'elle peut aider à comprendre le présent et à préparer l'avenir; mais, on le sent bien, discuter un fait dans le but de prouver que ce fait n'aurait pas dû se produire, est une aberration et une folie.

Il est donc naturel et sage d'accepter tous les événements en politique, de les accepter avec une ferme franchise ; mais il n'est pas moins naturel et moins sage de chercher à les modifier dans le sens de ses convictions, de ses sympathies ou de ses intêrets, à diriger leur action logique, à prévenir leurs conséquences, à empêcher aussi leur réalisation complète, lorsqu'ils sont encore en voie d'accomplissement.

Ces considérations générales ont pour bases la raison et la rigueur du sens pratique. Tout citoyen qui contrôle la direction de son pays, et qui se préoccupe de ses destins, doit en tenir compte ; elles seules doivent guider un homme intelligent et libre dans le jugement qu'il est appelé à porter sur la politique de son gouvernement.

Voilà pourquoi l'avenir du second Empire n'est pas lié, selon moi, au sort des partis, au succès ou au désarroi des intrigues intérieures, aux agitations qui mettent en question le fait lui-même de son existence, et qui sont puériles ou inconséquentes; il est lié aux réalités présentes, au succès et à la fécondité de sa politique générale, et l'on ne saurait affirmer qu'il puisse être compromis par autre chose que par les actes qu'il prépare, ou par ceux qu'il accomplit.

Les faits prochains de la politique extérieure influeront surtout sérieusement sur ses destinées futures, parce que la conduite d'un gouvernement dans les crises analogues à celle que traverse aujourd'hui l'Europe, démontre victorieusement sa vitalité ou son impuissance.

Aussi l'examen du rôle de la France, dans les circonstances prévues et à prévoir, peut-il être entrepris avec quelque utilité afin d'éclairer la voie dans laquelle le gouvernement et la nation devront s'engager pour servir la cause éternelle de la civilisation et de la liberté.

La confusion qui règne én Europe depuis que les bases de l'ancien droit public ont été ébranlées par la violence des hommes et par la logique des faits, est à la fois l'une des vertus les plus éclatantes, et l'un des vices les plus criants de notre époque.

L'Europe s'agite depuis soixante ans dans un cercle où s'usent ses forces, où se consument ses ardeurs, où doit mourir peut-être son activité. Elle s'agite parce qu'elle est lasse de stabilité et impatiente d'aventures heureuses et nobles ; elle s'agite, parce qu'elle sent que l'état social qui lui est imposé par ses traditions, assigné par son caractère, commandé par sa situation intérieure elle-même, n'est ni un idéal, ni même une perfection relative, mais elle ne sait pas restreindre le champ de son agitation ; elle s'agite plutôt parce que les changements alimentent sa fièvre que parce qu'ils satisfont son désir ; elle s'agite parce qu'elle obéit à l'impulsion de ses instincts, et non à la modération de sa raison et de sa force.

Vertu d'un côté, dégradation de l'autre.

Il n'est peut-être pas un seul état européen où le trouble des consciences et des esprits ne se reflète dans les aspirations diverses des cœurs et des intelligences ; sur ce point l'anarchie est complète.

Les scissions les plus radicales sont depuis longtemps opérées dans le monde intellectuel, relativement aux questions les plus simples et les plus vitales ; comment pourrait-il se faire qu'elles ne se produisissent pas dans le monde matériel ?

Un lien mystérieux et fort unit entre elles, il est vrai, toutes les forces de l'Europe, — nations et individus, terres et corps, esprits et masses. — C'est l'une des grandeurs de notre temps.

Il n'est pas un homme libéral et honnête qui ne tressaille en songeant qu'à l'autre extrémité du monde il a des amis, des amis qu'il ne connaît pas, qui souffrent ses tourments, pleurent ses larmes, vivent sa vie et surveillent son courage.

Mais ce lien est-il toujours pur ? Est-il dégagé partout d'attaches égoïstes et mesquines ? N'enchaîne-t-il pas pour le mal comme il enchaîne quelquefois pour le bien ? Enfin, parmi ceux qui souffrent et qui pleurent, n'y a-t-il pas de faux martyrs, et les plaintes de ces faux persécutés sont-elles justes et désintéressées ?

N'est-ce pas abaisser la dignité et la conscience d'une génération humaine que prolonger cette incertitude à laquelle cette génération se condamne, et qui saisit toute âme faible et pure devant ces troubles et ces combats?

En ces époques néfastes, le devoir de l'homme ferme et juste est d'attendre l'avenir avec calme et sérénité.

La France, qu'une fatalité à la fois heureuse et funeste plaça toujours au premier plan des solutions, a subi la première les tourments de cette crise; elle est peut-être destinée à précipiter son dénoûment, et à montrer aux nations qui la suivent dans le chemin des expériences et des aventures la voie véritable du progrès et de la paix.

L'organisation des forces qui lui sont hostiles, et le triomphe des éléments qui sont contraires à son développement, démontrent qu'elle ne saurait malheureusement atteindre ce but définitif sans engager et soutenir une lutte suprême et décisive; c'est donc l'issue de cette lutte qui décidera de l'avenir de son gouvernement.

L'Empire veut la paix, — cette assertion est incontestable.

L'Empire désire la paix par tempérament, par nécessité, par calcul; il la désire, parce qu'il connaît et avoue implicitement les fautes du passé, dont il a voulu recueillir la gloire et accepter les lourdes charges; il la désire parce qu'elle lui est indispensable pour fonder son œuvre encore menacée de toute part; il la désire, enfin, parce qu'il doit prouver qu'il est apte à ses travaux et favorable à ses fécondités, mais il est condamné à subir la guerre.

Sa politique extérieure, que la première partie de ce travail a pour but d'apprécier dans son ensemble, a été, selon moi, une politique hésitante et presque timide, et plus versée dans les arguties, plus savamment dirigée du côté des habiletés et des transactions que calme, haute et froidement résolue, que savante dans la logique et conduite avec vigueur vers les solutions, vers les conceptions inflexibles.

Le discours prononcé par Napoléon III le 18 novembre 1867, à l'ouverture du Parlement français, confirme cette appréciation et lui donne la netteté d'un exemple, l'irrécusable sanction d'un fait récent.

Ce qui prouve que le chef de l'État comprend la gravité des résolutions qu'il doit prendre, c'est que dès les premiers mots de ce discours il aborde la question brûlante et dangereuse, — la question allemande ; — il déclare sur ce point quelles sont ses sympathies, ses pensées actuelles, ses résignations, ses espérances même, il le déclare avec force, avec franchise, mais ses paroles, — si pacifiques soient-elles, — engagent-elles l'avenir ? Non.

Napoléon III parle des *changements accomplis.* Il dit que la France « doit les accepter. »

Or, comme on pourra s'en convaincre par l'étude de la constitution des peuples allemands et de leurs rapports essentiels avec l'avenir de la France, ces changements *peuvent n'être pas un danger* pour notre pays, si la Prusse ne poursuit pas en Allemagne l'œuvre qu'elle a depuis longtemps entreprise. Mais si la Prusse provoque des changements plus importants, —peut-on s'illusionner sur ses intentions et sur ses tendances? — Si la Prusse suscite des agitations plus graves et profite de ces agitations;

en un mot, s'il se produit des modifications plus radicales, la France devra-t-elle les accepter ?

Napoléon III a-t-il déclaré que son gouvernement se désintéressait de toute intervention dans les faits à accomplir ?

Il ne l'a point fait, et, s'il l'avait fait, ce serait le pire malheur pour l'Empire.

Il ne l'a point fait, parce que c'est là précisément ce qui est en question, parce qu'une déclaration semblable venant faire ressortir la netteté des affirmations contenues dans le récent discours du roi de Prusse, équivaudrait à l'abdication de toute influence et de tout sentiment de conservation. Il ne l'a point fait, parce qu'en ce cas la pensée impériale aurait été forcément démentie par les faits ; il ne l'a point fait, parce qu'un tel langage aurait eu pour effet immédiat de diminuer la force de résistance que le pays pourrait mettre au service d'une politique plus ferme, en faisant supposer que la France devrait subir longtemps encore la crise qui dévore son activité, et que l'Empire, en lui donnant la paix, ne lui donnerait ni la grandeur qui la consolide, ni la sécurité qui la féconde.

Or, la nation ne s'y est point trompée, et c'est l'interprétation naturelle qu'elle a donnée aux paroles impériales.

Les questions d'Italie et d'Orient sont-elles d'ailleurs moins vitales et moins menaçantes après ce discours qu'avant le 18 novembre ?

Et, — je vais plus loin, — le congrès dont les journaux officieux prononcent tous les soirs l'oraison funèbre parviendrait-il à se réunir, la paix de l'Europe serait-elle plus ferme et plus stable?

Il n'est pas un esprit lucide qui puisse répondre affirmativement, et se tromper même pendant un instant sur les conséquences forcées de la situation présente.

Les causes de trouble et de guerre subsistent-elles? Oui. Le discours impérial a-t-il apporté un élément nouveau dans la discussion, et modifié les sentiments des gouvernements et des peuples? Les intérêts divergents sont-ils moins âpres et moins hostiles? Non.

Les effets doivent donc se produire; la discussion doit se poursuivre, les antagonismes doivent se manifester plus visiblement encore, les divergences des intérêts doivent rendre un conflit inévitable.

Les paroles impériales ne sont conséquemment qu'une affirmation des sympathies personnelles du souverain pour la paix, mais elles laissent toujours planer sur l'avenir ces craintes mortelles qui troublent les consciences.

Or, le moment présent paraît décisif pour l'Europe et pour l'Empire; les raisons en sont déduites plus loin.

Le gouvernement actuel doit choisir entre la politique de l'inertie qui a sa fin logique dans les révolutions intérieures, dans le triomphe des intrigues, dans l'agitation des minorités, enfin, dans l'organisation des partis, et la politique de la force qui a sa fin logique dans la guerre, dans la lutte entre peuples et non entre citoyens, dans l'agitation naturelle des races et dans l'organisation définitive des nationalités.

Les circonstances actuelles que j'examine ici, dans leurs réalités et dans leurs prévisions, auront-elles cet avantage de le forcer à se décider ?

Oui ! puisqu'un gouvernement ne peut subsister dans toute son intégrité qu'à la condition de répondre aux besoins du pays qu'il représente, et que le besoin premier et le plus sacré de notre pays est de sortir de cet état d'incertitudes, de terreurs et d'angoisses, — pour employer une expression juste de M. Rouher, — qui lui pèse et qui compromet à la fois son avenir moral et matériel.

Que fera donc l'Empire ? Que doit-il faire et que peut-il faire ?

## II

### Le Rôle de la France.

La situation politique actuelle n'est nullement pour la France une situation violente. Ce qui le prouve, c'est que sa signification, sa portée, sa gravité elle-même ne se traduisent sous le régime impérial par les actes ou les paroles d'aucune individualité de premier ordre.

C'est, au contraire, une situation suprême et réfléchie : sa profonde signification se traduit et se manifeste par les pensées et par les aspirations de la nation tout entière, — elle se traduira bientôt par l'action commune, ardente, mais disciplinée de cette même nation.

Les hasards et les nécessités d'une politique aventureuse, mais gravement discutée et sérieusement calculée, ont évidemment conduit la France, et l'Europe à sa suite, à l'une de ces extrémités dangereuses qui ne laissent d'autre alternative que les réactions les plus furieuses ou les transformations les plus radicales.

Le mal n'est plus, aujourd'hui, dans les faits ; on ne peut plus le combattre dans ses manifestations flagrantes, car ces faits et ces manifestations, maintenant inattaquables, sont devenus des idées réalisées.

Le mal est dans les causes, dans les principes.

La réaction doit remonter jusque-là, ou la transformation doit partir de là.

L'action politique qui se prépare et qui se produira

demain sera décisive. Elle nous fera pencher, — et l'Europe méridionale avec nous, — selon que nos gouvernants agiront dans un sens ou dans un autre, — sur le déclin des déchéances et des abaissements irrévocables ou nous poussera vers les suprématies incontestables et vers les progrès indéfinis.

Le droit politique actuel est irrévocablement voué à de sanglants outrages ou à de plus sanglantes consécrations. Sur tous les points de l'Europe, des forces contradictoires sont en présence, et comme le temps ne saurait les détruire elles s'organisent, se multiplient, se mesurent, — enfin elles agiront.

Or, c'est une vérité démontrée que plus les situations politiques sont calmes et graves, plus le génie des nations devient sérieux, homogène, se concentre et se réserve.

Il importe donc, que chacun puisse apprécier les éléments de cette situation suprême ; il importe que les hommes dont la patrie, la race et l'existence communes sont menacées, sachent ce qu'ils doivent aimer et ce qu'ils doivent haïr, ce qu'ils peuvent espérer et ce qu'ils doivent craindre.

D'ailleurs, ce qui fait la vigueur et la résistance d'une nation, ce qui sauve un peuple de ses propres défaillances, c'est l'homogénéité de ses tendances morales.

Rien ne prévaut contre le cœur : c'est un axiome de sentiment, qu'il est bon de transporter aussi dans la politique.

Il est, conséquemment, essentiel de créer ou plutôt d'unifier ces tendances par la recherche sérieuse de la vérité, par l'application sévère de la raison.

L'étude de la constitution de l'Europe doit fournir, selon moi, sur ce point, les renseignements les plus importants.

Il est donc indispensable de définir, avant d'entrer dans l'examen et dans la discussion des faits, des actes et de leurs conséquences, la position et la signification des divers États et des diverses forces qui sont en présence.

L'Europe, telle qu'elle est constituée depuis l'inauguration de la politique et du droit modernes, est composée de cinq ou six éléments divers, séparés, — lorsqu'il s'agit de politique continentale, — par leurs origines, par leurs traditions, par leur génie et par leurs croyances reliés, — lorsqu'il s'agit du reste du monde, — par une incontestable solidarité d'habitudes, de tendances et d'intérêts.

A considérer attentivement la carte d'Europe pendant cinq minutes, on est frappé de la disposition évidemment naturelle, qui pousse ces diverses forces à s'équilibrer, — au grand profit de l'influence française : ainsi, au nord, l'élément scandinave ; au sud-est, l'élément slavo-grec ; au sud-ouest, l'élément gallo-latin ; au centre, l'élément germain, subdivisé lui-même en deux groupes : à l'est, l'élément russe ; à l'ouest, l'élément anglo-saxon.

Cette disposition, qui est plutôt un résultat historique qu'un accident providentiel, a dû naturellement frapper diversement l'intelligence des hommes d'État qui ont gouverné ces différentes forces, et ils ont dû chercher contradictoirement les moyens les plus efficaces et les plus prompts, les uns pour déplacer cet équilibre, les autres pour le rendre plus stable.

Par conséquent, le rêve des hommes d'État français, des vrais hommes d'État qui n'ont été ni des songeurs chimériques, ni des faibles d'esprit enivrés par l'action, — a toujours été la pondération exacte des forces étrangères qui seule, pouvait assurer la suprématie de l'élément qu'ils représentaient, — l'élément gallo-latin, — et au sein de cet élément lui-même la suprématie de la France.

Ainsi, il est évident que les influences russes étant toujours naturellement contre-balancées en Orient et dans les cours du nord de l'Europe, par les influences anglaises, les deux groupes germains,—le groupe du sud, représenté nécessairement par l'Autriche catholique, et le groupe du nord, représenté nécessairement aussi par la Prusse piétiste, — neutralisant leurs forces et leur action, les nations scandinaves et slavo-grecques étant impuissantes ou désagrégées, c'est l'élément gallo-latin qui domine en Europe, et au sein de cet élément lui-même,— l'Espagne et l'Italie se formant un mutuel contre-poids, — c'est la France qui commande.

C'est ce qui explique que la France a besoin d'être

une nation militaire, afin que si son nom, sa parole et ses conseils ne suffisent pas pour faire triompher sa politique, elle puisse la sanctionner par les actes de la force.

C'est ce qui explique que la France a besoin de suivre une politique de traditions et de réalités et non une politique de rêves et d'aventures.

C'est ce qui explique que la France ayant été amoindrie au profit de l'élément germain toutes les fois que l'équilibre a été rompu, la France a besoin de suivre une politique de prépondérance et d'équilibré.

C'est ce qui explique que, cette politique devant s'appuyer sur des forces révolutionnaires ou catholiques, la politique de la France doit être à la fois, malgré les difficultés et les clameurs, résolûment libérale et résolûment catholique. Un roi, qui avait étudié dans l'exil la constitution réelle des peuples européens et qui possédait cette qualité majeure, — le bon sens, — qui féconde et facilite cette étude, — Louis-Philippe, — avait si bien compris cette nécessité que, sur son lit de mort et du fond de l'exil, il criait, dit-on, à son petit-fils : « Soyez Français, toujours catholique et révolutionnaire. »

C'est ce qui explique enfin que, toutes les fois que cet équilibre est rompu, la France, — et la France entière, gouvernants et gouvernés, — doit s'appliquer à le rétablir... *et par tous les moyens possibles.*

Ces moyens sont, évidemment, aussi multiples que les circonstances qui modifient les situations et que les faits eux-mêmes, qui les produisent.

On ne peut donc rien préjuger, de ceux qui seront mis en œuvre dans les circonstances présentes et des résultats qu'ils amèneront. On ne peut que calculer des chances, qu'indiquer ceux qui ont été employés autrefois.

En 1815, selon l'expression de M. Thiers : « Tous les droits avaient succombé, avec les traités, dans une effroyable guerre de vingt-deux ans. » L'Europe, soulevée jusque dans ses fondements, par l'invasion ou l'influence des réformes françaises, offrait l'image du désordre social le plus étrange et de l'anarchie réelle la plus effroyable, qui jamais aient épouvanté les hommes, depuis la formation du monde moderne.

Il fallait alors qu'elle choisît entre deux solutions extrêmes : une évolution complète, atteignant et modifiant les conditions d'existence et de gouvernement, de tous les États européens, ou une réaction sincère, devant faire œuvre d'apaisement et de réparation.

L'Europe choisit le dernier parti : mais, le principe étant adopté, la réalisation n'était que plus difficile, puisque le rétablissement d'un équilibre ayant été reconnu nécessaire, chacun prétendait modifier cet équilibre dans le sens des intérêts du gouvernement qu'il représentait.

La France, elle, était vaincue, humiliée, en pleine crise intérieure.

L'Italie et l'Espagne ne comptaient pas.

La France pouvait-elle espérer reprendre, en Europe,

la position prépondérante qu'elle avait perdue? Et quels étaient les moyens pratiques qui pouvaient lui rendre cette influence?

Tel était le problème terrible, qui se posa devant M. de Talleyrand, notre plénipotentiaire au congrès de Vienne, et certes, jamais homme ne tint plus sûrement dans ses mains l'avenir, et le destin de tout un pays d'une nation, d'une race entière.

Si l'on juge M. de Talleyrand, par ses actes au congrès de Vienne, c'est toujours peut-être un pauvre caractère, mais c'est un politique exceptionnel, le plus grand peut-être des temps modernes.

Il vit d'abord clairement que le rétablissement de l'équilibre européen, au profit de l'influence française ne pouvait s'opérer, qu'en conservant la subdivision en groupes distincts et opposés de l'élément germain.

Le moyen de maintenir cette division, — dont j'examinerai d'ailleurs plus loin les effets, au point de vue des intérêts bien entendus des peuples allemands, — lui parut être le maintien de l'antagonisme naturel de la Prusse et de l'Autriche, tempéré par l'existence de petits États neutres et indépendants, destinés à contre-balancer l'influence des deux grandes nations germaines, à les séparer, et au besoin à s'interposer dans leurs querelles.

Cette politique était à la fois une politique de tradition et de substance.

C'était, certes, la plus haute, la plus régulière et peut-être la seule conception que l'on pût asseoir sur le terrain des principes, dont l'application était partout reconnue nécessaire.

Les idées justes portent d'ailleurs, en elles-mêmes, leur fécondité.

Cette politique donna à la France, ce que ne lui auraient pas donné les armées qu'elle avait perdues, les victoires dont le souvenir était éteint : une influence décisive dans le conseil des nations, où elle comparaissait, — chose singulière, — en vaincue, en outragée, en suppliante.

Ce fut sa main, qui arracha la Saxe à la Prusse, la Pologne à la Russie, la Sardaigne et la Suisse aux ambitions qui convoitaient leur asservissement ou leur ruine.

M. de Talleyrand réussit.

Certes, je déteste les traités de 1815.

Je les déteste, parce que tout traité qui me rappelle une défaite ou un abaissement antérieur de mon pays m'est odieux et me pèse.

Je les déteste, parce que l'œuvre qu'ils devaient accomplir est encore pendante, après trois guerres terribles qu'ils ont engendrées.

Je les déteste surtout, parce qu'ils n'ont satisfait aucune des nations qui les ont signés.

Je déteste ce congrès, parce que ce congrès fut le congrès de la mauvaise foi et de la ruse, et parce qu'on n'a ratifié ces engagements qu'avec l'intention formelle de les violer à la première occasion propice.

Mais quand je considère l'admirable conception politique qu'ils renferment ; quand je considère la sagesse et l'habileté dont la France dut alors faire preuve; quand je considère enfin leurs résultats, — quarante ans de paix, de prospérité commerciale, économique, industrielle et d'élaboration intérieure, — je les admire..... *Et peut-être les regretterai-je un jour!*

Les derniers lambeaux des traités de 1815 ont été seulement déchirés à Sadowa; car, malgré certaines violations de détail flagrantes et restées impunies ou même applaudies, l'œuvre, — l'œuvre entière, dans ce qu'elle avait d'essentiel et de constituant, — se tenait debout et subsistait.

Jusqu'alors, — 1866, — les influences européennes se développant dans le même sens et surtout dans la même proportion, il ne pouvait se produire que des modifications de détail, dont l'effet ne pouvait atteindre la constitution elle-même de l'équilibre : aussi la prépondérance de la France ne fit-elle que grandir à l'état latent jusqu'à ce que la guerre de 1854, faite à la Russie de concert avec l'Angleterre, — guerre heureuse, guerre raisonnable, guerre essentiellement conservatrice et féconde, — l'affirmât et la rendît incontestable.

Le temps qui s'écoula entre le dénoûment victorieux de cette guerre et le commencement de la guerre d'Italie, marque l'apogée de la force française depuis 1849.

La guerre d'Italie marque au contraire le commencement de la période de défaillance.

Elle attaquait le principe de l'équilibre dans le groupe

des nations gallo-latines; elle l'attaquait au profit d'un rêve opposé à ce principe, — rêve dont on a voulu faire un principe, — le rêve des nationalités; elle attaquait, — chose presque aussi grave, — des forces conservatrices.

La guerre finie, l'influence de la France décline.

La France a donné elle-même une arme à ses ennemis, et les Germains du Nord ambitieux, politiques intelligents, se hâtent de ramasser cette arme : ils veulent aussi mettre en œuvre le principe des nationalités.

Il en résulte, le faux mouvement unitaire de l'Allemagne, — mouvement dirigé principalement contre la prépondance gallo-latine ; — la bataille de Sadowa, les préliminaires de Nikolsburg, le traité de Prague, la confédération du Nord, les traités particuliers avec chacun des États de la confédération du Sud, en attendant le traité général et peut-être l'annexion, enfin, une situation nouvelle pour l'Europe et pour la France, des nécessités nouvelles.

Une vérité ressort de ces faits modernes et de l'histoire elle-même : c'est que le nœud des situations européennes est en Allemagne.

Quand l'Allemagne, nation essentiellement agressive, est tranquille parce qu'elle est divisée, la Russie est facilement tenue en échec par l'Angleterre, et l'Europe est en paix parce que la France est une nation qui aime mieux exercer son activité dans les travaux de la paix que dans les fatigues de la guerre.

Au contraire, le moindre mouvement de l'Allemagne, la moindre tentative d'expansion intérieure ou extérieure des forces qui la constituent, marquent pour notre continent une ère de troubles et de violences.

On pourrait dire, que si la France est la tête de l'Europe, l'Allemagne en est le cœur.

L'organisation intérieure de l'Allemagne intéresse donc au plus haut point l'Europe et surtout la France.

Quant au droit que les puissances intéressées ont de surveiller, de régler et au besoin d'intervenir dans cette organisation, il n'est pas un esprit sensé, — fût-il prussien, — qui puisse le contester un seul instant.

Sans user des preuves historiques et sans rappeler les cas où certaines puissances sont intervenues dans notre constitution et dans nos troubles intérieurs, on peut revendiquer ce droit en soutenant, avec raison, que la politique est justement l'art d'intervenir chez les autres avec quelque profit pour soi, et que la politique n'est pas seulement un art, une science utile et une belle invention de gens désœuvrés, mais un fait brutal et nécessaire.

Tant qu'il y aura des distinctions de mœurs, de races et de frontières, la politique subsistera : et tant que la politique subsistera, le droit d'intervenir sera inattaquable, inhérent à la sécurité et à l'existence d'une nation, prenant sa source au cœur même des sociétés humaines, dans le sentiment de la conservation et dans les besoins de stabilité.

Nous avons conséquemment le droit d'intervenir dan

le travail de reconstitution de l'Allemagne : et de la façon qui nous paraîtra la plus utile et la plus conforme à nos intérêts et à nos traditions.

Les circonstances actuelles nous font un devoir d'user de ce droit, afin de rétablir l'équilibre européen, rompu à notre préjudice.

La question qui s'impose aujourd'hui à l'esprit de tout Français et de tout politique est donc simplement celle-ci :

Comment devons-nous intervenir ?

## III

### Idées françaises, idées prussiennes.

En plaçant ainsi la question politique sur son véritable terrain, et en la jugeant avec la haute sévérité de l'étude et l'austère logique des idées réfléchies, on est fatalement conduit à déclarer que l'antagonisme qui s'est manifesté depuis des siècles entre les races gallo-latines et germaines, diversement représentées, et qui se manifeste aujourd'hui entre la France et l'Allemagne représentée par la Prusse, est d'abord un antagonisme de race.

Il ne m'appartient pas de pousser plus loin la démonstration historique de cette proposition ; j'ai dû me borner à l'énoncer et à la soutenir dans le précédent chapitre, par des preuves tirées des faits récents.

Une vérité non moins irrécusable, c'est que c'est aussi un antagonisme d'idées.

La politique élevée et grave, qui est la seule qu'on puisse adopter dans des circonstances analogues à celles qui nous occupent, doit s'inspirer, — à mon sens, — autant des évolutions intellectuelles des peuples que de leurs évolutions matérielles.

Elle doit s'en inspirer, parce que les mœurs qui produisent les faits et leur prêtent une signification sont elles-mêmes produites par l'élaboration incessante des intelligences, et modifiées en des sens divers selon les substances qui alimentent cette élaboration.

Ce qui prête aux actes d'un peuple, considéré dans son ensemble et dans ses rapports avec ses voisins, une signification spéciale, ce qui leur constitue un caractère en quelque sorte personnel, ce qui, par conséquent, peut faire découvrir les secrets ressorts qu'il faut employer pour mettre en mouvement ce peuple et pour le gouverner, ce sont les aptitudes naturelles qui poussent les intelligences de la nation à s'assimiler tel ensemble d'idées plus facilement que tel autre.

C'est la tête qui produit les convictions fermes, et c'est le cœur qui les soutient.

Pour ces raisons, il est indispensable, lorsqu'on veut comprendre et juger les mouvements politiques de deux pays, de connaître d'abord et d'étudier leurs mouvements intellectuels, de se rendre compte de la signification et de la portée de leurs conceptions morales, économiques et sociales ; en un mot, de savoir quelles sont les idées ou quelle est l'idée que chacun de ces pays représente.

On surprend ainsi les mobiles des actes qui se produisent, et on peut les interpréter avec une exactitude rigoureuse.

Quant aux conséquences, on peut les prévoir et les prévenir.

C'est en vertu de ces considérations, que les observations suivantes me paraissent intéressantes et nécessaires.

Depuis un siècle, la France, dont le développement national s'était accompli avec une homogénéité parfaite, et dont les forces politiques ne pouvaient plus s'exercer que dans le champ de l'action sociale ou économique, s'est jetée, avec toute la furie de son ardeur, avec tout l'emportement de sa générosité, dans la voie des spéculations, des expériences et des réformes de gouvernement intérieur. On peut contester l'opportunité, la valeur pratique, la sagesse de ce mouvement; on peut surtout nier qu'il ait produit d'heureux résultats; on peut, enfin, flétrir au nom de la morale et au nom du bon sens, plusieurs personnages qui l'ont dirigé, mais on ne saurait en contester la grandeur morale et l'immense et admirable portée; on ne saurait en incriminer les intentions et les tendances, et si l'on peut détester les *actes* on doit aimer ou tout au moins admirer les *idées*.

Après l'effort que l'école philosophique du dix-huitième siècle, représentée par Voltaire, par d'Alembert, par Helvétius, par Diderot, par Mably et par d'autres, tenta pour débarrasser le domaine intellectuel de ce qu'on appelait alors les *préjugés sociaux*, les hommes d'action parurent : et Turgot faisant pressentir Necker, Mirabeau présageant Robespierre, la France se trouva irrévocablement entraînée vers une transformation sociale dont les premières phases ne sont certainement pas accomplies,

La Révolution française, ainsi commencée, ébranla. ceci est incontestable, jusque dans leur fondement le monde et la civilisation européens, moins par la rigueur de ses actes que par la portée de ses idées; et la France étant l'expression la plus complète, la plus dégagée et la plus progressive de cette civilisation, cette répudiation éclatante de tout ce qui dans le passé avait fait sa force, sa splendeur et sa tranquille domination, devait entraîner dans le même sens des peuples dont la constitution était plus incomplète, dont l'évolution était moins avancée, dont la place n'était pas définie ou n'existait point dans l'ancienne organisation de l'Europe, et qui pouvaient tout espérer des temps nouveaux.

Ce fut donc comme une semence féconde jetée de Paris au vieux sol qu'il fallait renouveler et emportée par le souffle ardent de la liberté sur toute terre où pouvait battre un cœur généreux et noble, où pouvait surgir un esprit indépendant; mais, — chose étrange, — l'Europe ne comprit la signification des principes de gouvernement que la France prétendait inaugurer qu'après les avoir combattus sans les connaître, et lorsque leur premier retentissement s'éteignait au bruit des batailles du premier Empire.

Ce n'est qu'à partir de 1815 que le travail d'assimilation commence dans toute l'Europe.

Tandis que notre pays se reposait, se réservait et se concentrait sous le gouvernement honnête, paisible et sage des Bourbons de la branche aînée ; ailleurs, les hommes d'intelligence et d'action que vingt-deux ans de guerre avaient épargnés, étudiaient, les yeux fixés vers la France, les causes du mouvement terrible qui les avait épouvantés, et dégageant les résultats des hommes, les tendances des individualités, les principes de l'action, en un mot, les lois des excès et des anomalies comprenaient enfin le sens de la Révolution française, s'éprenaient d'un égal amour pour ses réalités et pour ses utopies, pour ses vérités et pour ses chimères, et se dévouaient à leur réalisation.

Cependant cette lumière ne s'était faite que pour un petit nombre : Les masses n'avaient pas encore l'intelligence du but et des mobiles de cette tentative accomplie par un peuple tout entier en vue d'une émancipation universelle. Aussi 1830 ne produisit-il guère, en Europe, que des commotions locales et sans caractère décisif. Il est vrai que le mouvement lui-même n'était ni profond ni radical; 1830 fut une émeute qui finit par une intrigue, — les vraies révolutions sont tout autre chose.

Pendant les dix-huit années du règne de Louis-Philippe, l'initiation des diverses classes du peuple aux idées révolutionnaires se poursuit partout, au Nord, au Sud et jusqu'aux frontières extrêmes de notre civilisation. Les éléments nouveaux se forment, s'agrégent et s'organisent, les partis correspondent, se soutiennent et s'excitent, les entraves ne font qu'irriter les aspirations, les barrières s'abattent, les frontières n'existent plus, les masses sont prêtes et l'action devient possible.

Aussi la révolution française de 1848 donne-t-elle, dans toutes les parties de l'Europe, le signal d'une agitation moins terrible dans ses effets immédiats que dans ceux qu'elle présage, encore timide et facilement réprimée, mais profonde et redoutable parce qu'elle a sa source au cœur même des nations.

L'incendie pouvait être allumé et porter partout la terreur et la désolation : il ne manquait qu'une excitation, qu'une étincelle.

Par une inspiration de sagesse et de vertu que les uns ont appelée faiblesse, les autres inintelligence, d'autres encore impuissance, les hommes que le hasard venait de placer à la tête de la nation française ne voulurent pas propager le mouvement. Ils n'excitèrent pas l'Europe et tentèrent au contraire de modérer leur pays.

Ils savaient d'ailleurs qu'ils n'avaient qu'à rédiger une proclamation pour appeler vers eux toutes les forces destructives, qui, disséminées, trouvaient en eux un appui naturel et inébranlable ; et s'ils n'en usèrent pas, c'est qu'ils eurent l'intelligence de leur mission, l'intuition de la grande politique. Ils comprirent enfin que tous les peuples n'étaient pas également mûris pour les idées qu'ils représentaient et que les évolutions locales doivent précéder les évolutions universelles. Mais ils eurent incontestablement la conscience de leur force, et M. de Lamartine, dans l'admirable manifeste qu'il adressa à toutes les cours d'Europe, en qualité de ministre des affaires étrangères du gouvernement provisoire, put tenir le langage digne, ferme et franc qui convient à la représentation de notre pays.

De nos jours enfin, la France ayant vu modifier les

conditions et les formes de son gouvernement n'a pas abdiqué le rang que son caractère et sa marche incessante vers le progrès lui donnaient à la tête de toutes les nations d'Europe.

Ce ne sont plus les faits qui parlent; ce sont les idées qui marchent.

Son action est la même sur les peuples qui l'avoisinent et qui la suivent, et elle domine encore le monde par la toute-puissance des principes qui la guident, de l'idéal qu'elle entrevoit, du progrès qu'elle poursuit.

Il est donc incontestable que les idées qu'elle s'assimile aujourd'hui plus facilement que toutes les autres sont les idées de liberté, de solidarité, d'amélioration matérielle et économique et de diffusion intellectuelle et scientifique.

Son nom signifie indépendance, avenir, justice fraternelle et, au besoin, malgré tout et malgré tous, l'Europe ne s'y trompera jamais.

Que signifie, au contraire, le nom de la Prusse qui agit aujourd'hui au nom de l'Allemagne?

Quelles sont les idées et les institutions qu'elle représente?

Quelle est la résultante visible de l'histoire de ses faits brutaux et de ses conceptions intellectuelles depuis le commencement de ce siècle?

Comment et pourquoi sa puissance s'est-elle subitement accrue au point de menacer actuellement les conditions de l'ancien équilibre européen?

Au premier bruit des faits révolutionnaires qui se produisirent d'abord dans notre pays, sous l'influence de l'esprit anglais et des intrigues anglaises, l'Allemagne tout entière se souleva comme pour une croisade et ce fut la Prusse qui se plaça résolûment à la tête de cette coalition.

L'Empereur d'Allemagne devait combattre la révolution française au nom de la religion catholique outragée dont il devait être l'épée, au nom de l'autorité des rois méconnue dont il devait être le tuteur, au nom d'une archiduchesse emprisonnée qu'il avait à protéger d'abord et à venger ensuite : et néanmoins ce ne fut pas l'Empereur d'Allemagne qui personnifia l'agression conservatrice contre la France révolutionnaire. — Ce fut le roi de Prusse.

Ce fut un général prussien, le duc de Brunswick, qui signa le fameux manifeste qui précéda l'engagement de la lutte : ce furent les soldats prussiens qui envahirent les premiers notre sol : ce furent les menées prussiennes qui achevèrent plus tard de soulever contre nous les autres forces européennes.

Pourquoi?

La maison royale de Prusse n'avait alors aucun intérêt dynastique à soutenir dans notre pays. La nation prussienne n'avait évidemment pas, comme plus tard l'Angleterre, un intérêt commercial et politique à nous faire la guerre.

Il faut donc chercher d'autres mobiles à leurs actes, et nous les trouvons dans l'antagonisme naturel qui existait entre le nouveau génie intellectuel de notre nation et le génie traditionnel de la nation germaine.

Dès cette époque la Prusse, d'ailleurs bien gouvernée et fortement organisée, tendait à se mettre à la tête de l'Allemagne, non-seulement dans le domaine des spéculations philosophiques et littéraires, comme du temps du grand Frédéric, mais encore dans le domaine de l'action militaire, politique, industrielle et scientifique.

Son accroissement prodigieux et cependant progressif avait surtout sa raison d'être dans la bonne harmonie de ses institutions, alors merveilleusement appropriées au génie des populations allemandes, et dans la faiblesse, l'incurie et l'ineptie de la politique impériale.

La Prusse profitait de toutes les fautes, de tous les malheurs et du défaut d'initiative de la cour de Vienne, pour se constituer fortement, selon les besoins de la race qu'elle aspirait à grouper entièrement autour d'elle.

Quels étaient d'ailleurs les caractères principaux de cette constitution ? Une liberté absolue laissée aux conceptions intellectuelles, si étranges qu'elles pussent être ; une latitude universelle laissée aux disputes de mots, de rêves et de pensées : mais, une compression sévère, imposée à toute idée de réalisation pratique, une réfraction opiniâtre à toute proposition de réforme, un respect des traditions, des usages, en un mot des mœurs et des conditions anciennes poussé presque jusqu'au ridicule.

Tout le caractère allemand était résumé dans les institutions prussiennes.

Le mouvement révolutionnaire français, — mouvement essentiellement pratique et qui s'exerçait avec une spontanéité foudroyante et simultanément dans l'ordre des idées et dans l'ordre des faits, — dut naturellement épouvanter des gens qui trouvaient leur idéal dans une telle organisation sociale, et cette épouvante devint de l'exaspération lorsque ces sages et bons esprits virent les premiers résultats de ce mouvement.

Cette exaspération atteignit elle-même toute la violence d'un sentiment national lorsque la France détournée, — par l'influence d'un génie militaire de premier ordre, — du véritable but de son agitation, porta toute son activité vers les affaires extérieures et jeta vingt armées sur tous les points de l'Europe, couverte ainsi par son fait, de cadavres, de sang et de ruines.

Deux hommes d'un patriotisme ardent, mais étroit, entreprirent au commencement du siècle de grouper ces haines et ces violences, de donner un aliment à cette fièvre populaire, en organisant en Prusse d'abord et bientôt dans l'Allemagne entière, des centres de résistance et d'excitation. — Ce furent MM. de Stein et de Hardenberg.

A leur voix, le pays tout entier se couvrit de sociétés secrètes, et comme ils comprirent que la haine qu'ils voulaient souffler au cœur de tous les Germains, devait prendre racine dans l'âme même de la nation, ils s'appliquèrent surtout à se faire une arme de l'esprit universitaire et à séduire toute la jeunesse studieuse par le prestige du mystère dont ils s'enveloppaient, du patriotisme qu'ils exaltaient, du courage dont ils faisaient preuve.

Bientôt les universités devinrent, en effet, les foyers de coalition anti-française.

La littérature s'inspira de ces sentiments et les glorifia, la philosophie s'appliqua à les justifier par des théories fausses et décevantes sur la mission des races et sur leurs caractères. On posa dès lors les bases de la fameuse *théorie des nationalités*, et je ne serais nullement surpris que le prince Louis-Napoléon Bonaparte, aujourd'hui l'empereur Napoléon III, ne nous l'eût importée d'Allemagne, — les cœurs et les intelligences s'en imburent.

La lutte prit alors ce caractère sombre et opiniâtre qui épouvantait justement les représentants de l'Empire en Allemagne, et ce fut la Prusse qui la soutint avec toute l'ardeur qu'un peuple puise dans le sentiment de sa conservation.

Il n'y avait, d'ailleurs, là rien que de fort logique et de très-louable aux yeux de tout homme dégagé de préjugés, si ce mouvement s'était arrêté lorsque les causes qui l'avaient produit eurent disparu ; mais la Prusse avait un intérêt évident à maintenir cette agitation et à perpétuer le règne des idées qui dominaient l'éducation allemande.

Aussi après Leipsick, après 1813, après 1814, après Waterloo, tandis que tout s'apaisait et s'oubliait presque en France, cette œuvre de propagande, dirigée contre nous et contre tout ce que nous représentions, fut poursuivie de l'autre côté du Rhin par les hommes d'État, par les poëtes, par les philosophes, par les historiens, en un mot, par tout ce qui avait un nom, un cœur, une intelligence, avec ce talent laborieux et cette ingéniosité persistante qui forment le génie de nos voisins.

L'éducation allemande, dirigée par les fauteurs de cette intrigue prussienne, dont la plupart des citoyens, du reste, ne comprenaient ni l'origine, ni la portée, s'inspira donc d'un esprit scientifique aussi sec, aussi mesquin, aussi matériel que possible, ou d'un piétisme biblique aussi exalté, aussi rigide, *aussi humain* que les religions des anciens peuples d'Asie.

Ainsi, toute la classe lettrée, depuis Vienne jusqu'à Bonn, depuis Cologne jusqu'à Kiel, ne poursuivit qu'un but, l'abaissement de la France; n'eut qu'un désir, la ruine de sa politique; qu'un mobile, l'anéantissement de ses principes et de son action sur le monde.

La Prusse attisait toujours ces haines, les alimentait, et dans la mesure de ses moyens s'appliquait à les satisfaire.

En effet, en 1840, qui nous menace et nous montre dans l'avenir le fantôme d'une autre coalition? La Prusse.

En 1854, qui empêche les alliés franco-anglais de soulever la Pologne en temps opportun et d'anéantir ainsi pour deux siècles l'influence russe en Europe ? La Prusse.

En 1858, qui nous arrête après Solferino et nous force à signer la paix de Villafranca? La Prusse.

Et de nos jours!....

Je dois compléter cette analyse des idées que représente la Prusse, et conclure sur ce chef avant d'entrer dans l'examen des faits récents.

La guerre injuste que la Prusse a faite non-seulement à l'Autriche, mais à l'Allemagne elle-même, et les résultats qu'elle a produits, prouvent l'incontestable justesse de ces vues générales.

La Prusse est en pleine crise constitutionnelle. Les chambres résistent au ministère, le roi résiste aux chambres, le ministère fait violence au pays. Dans un pays comme le nôtre, il n'est pas un gouvernement, si fortement armé qu'il fût, qui pût se maintenir pendant vingt-quatre heures, dans une telle situation, sans être renversé par une émeute ou sans tenter un coup d'Etat. Les Prussiens, eux, s'étonnent, s'indignent et protestent librement : mais ne s'émeuvent qu'en esprit et en paroles et nullement en actions. Leur gouvernement, d'ailleurs, soutenu par le parti féodal et militaire, les aurait sabrés sans pitié.

La querelle des duchés éclate. L'Allemagne tout entière maudit le ministre prussien qui assume la responsabilité d'une guerre civile. Elle se lève cependant, et chacun suit fidèlement son drapeau. Mais, après Sadowa, il n'est pas de louange que l'on ne décerne au Prussien libérateur de la grande patrie, il n'est pas d'hyperbole qui suffise pour exalter le génie et le courage de l'armée victorieuse, et l'Allemagne n'est pas assez étendue, pas assez peuplée, pas assez *complète* pour assouvir les convoitises des Allemands eux-mêmes, — devenus Prussiens et convertis subitement à l'idée prussienne de l'unité.

Le régime prussien est-il plus doux et plus libéral que le régime bavarois, wurtembergeois, hessois ou saxon? Non certes.

Les charges des provinces prussiennes moins lourdes? Au contraire.

La protection prussienne plus efficace? On le saura avant un an, sans doute.

Qu'importe! la Prusse est victorieuse : vive la Prusse! La Prusse menace la France : aide à la Prusse.

Les idées ont porté leurs fruits. Les principes inspirent l'action. La haine est toujours vivace : elle va pouvoir, en tout cas, se manifester et s'assouvir,— peut-être.

Quelles étroites aberrations! quels rêves sanglants et mortels! quel servilisme!

Aujourd'hui la Prusse est donc en pleine possession, je ne dirai pas de l'esprit public et des sympathies de l'Allemagne, ce serait une erreur grossière, — mais des hommes, des principes et des institutions qui dirigent cet esprit, le façonnent et le faussent.

Sa constitution — ce mélange singulier, mais nullement inconciliable de liberté et d'absolutisme, qui convient aux besoins et aux intérêts actuels d'une fraction des Allemands, — est l'expression politique exacte des théories du gouvernement que les disciples du baron de Stein et de M. de Hardenberg ont opposées à celles dont nous avons avec plus ou moins de succès tenté la réalisation.

On voit donc que, sur ce point, jamais antagonisme ne fut plus évident, plus profond, plus rationnel et plus invétéré.

Deux peuples organisés de façon si diverse, animés d'esprits si différents, nourris d'idées aussi opposées ne peuvent pas se trouver en présence pour défendre des intérêts contradictoires, sans qu'un conflit terrible ne doive résulter tôt ou tard de leur rencontre sur le terrain politique.

La conclusion à tirer de ce raisonnement est fort simple.

La lutte est, par conséquent, depuis longtemps engagée : le conflit doit fatalement éclater, et, on le comprend, les déclarations pacifiques de Napoléon III ne peuvent empêcher les effets de sortir des causes, les conséquences de suivre les faits.

On doit donc examiner seulement jusqu'où ce conflit peut et doit se poursuivre, comment se caractérisent et s'affirment nos intérêts, et quels moyens nous sont offerts par les circonstances actuelles, pour faire tourner cette lutte à notre avantage ultérieur.

---

## IV

### L'Antagonisme.

Ces deux antagonismes, que, par suite d'une fatalité historique et sociale, la Prusse personnifie aujourd'hui pour notre pays et notre civilisation, ont dû nécessairement se traduire par des faits, — depuis les récentes modifications européennes et pendant ces modifications.

Ces faits, suivant eux-mêmes leur développement normal, ont produit tout une série d'actions diplomatiques dont l'ensemble caractérise mieux et plus précisément encore que les raisonnements précédents, la signification et la portée de la situation présente.

Ce sont ces manifestations contradictoires, dirigées contre la France personnifiant elle-même une race et une civilisation, qu'il faut étudier dans leurs causes, dans leurs effets et dans leurs résultats ultérieurs, afin de conclure avec plus de force et surtout avec plus d'autorité.

L'antagonisme diplomatique, conséquence forcée de l'antagonisme de situation géographique et de l'antagonisme d'idées, s'y manifeste avec une violence persistante et une âpreté digne de remarque.

On peut diviser l'histoire du nouveau développement de la Prusse, — développement qui nous menace après nous avoir amoindris, — en plusieurs périodes distinctes, correspondant chacune à une attitude différente du gouvernement prussien, — soit vis-à-vis de notre gouvernement, soit vis à vis de l'Europe entière.

L'origine du conflit actuel remonte incontestablement à l'origine de la question des duchés de l'Elbe.

Si la France, alors en pleine possession de sa force et de son prestige, n'eût pas fait preuve alors d'une insouciance ou d'une sécurité dangereuses, elle pouvait régler, de concert avec l'Angleterre, cette misérable question du Sleswig, qui n'était qu'une question de troisième ordre, sans qu'une goutte de sang fût versée, sans qu'un écu fût sacrifié, sans que ni un soldat ni un diplomate fussent déplacés, et en s'attirant les bénédictions du Danemark, la reconnaissance de l'Autriche et même les remercîments de la Prusse.

La Russie était occupée, inquiète de l'insurrection polonaise; l'Autriche ne demandait que la paix pour refaire ses finances ; l'Allemagne était encore endormie.

La Prusse seule, — et j'irai plus loin, un seul Prussien, M. de Bismark, — avait besoin d'une diversion extérieure pour échapper à la crise constitutionnelle qui menaçait son organisation, mais il lui fallait un appui, et dans l'hypothèse que l'on évoque ici, elle ne l'aurait trouvé nulle part.

La France n'avait qu'à déclarer — *ce qui était éminemment juste et absolument vrai*, — que la question des duchés de l'Elbe était une question d'ordre européen et que, comme telle, elle intéressait toutes les puissances qui avaient antérieurement garanti l'intégrité du Danemark; l'Angleterre ne l'aurait point contredite et la Prusse aurait été dans l'impossibilité de se servir comme elle a su le faire de l'Autriche contre les Danois et contre l'Allemagne elle-même; plus tard, de l'Italie contre l'Allemagne et contre l'Autriche; plus tard encore de l'Allemagne contre l'Autriche; enfin, comme aujourd'hui, de la Russie contre la France.

En ce cas, tout se serait borné à un changement de ministère ou à une petite révolution à Berlin, et le comte de Bismark serait aujourd'hui le plus impopulaire et le moins connu de tous les ministres renversés.

Le gouvernement français ne prévit pas les complications que l'abandon d'un principe et d'une cause justes devait entraîner; or, en politique, ne pas prévoir est une faute ou tout au moins une défaillance, car prévoir c'est voir de loin et surtout de haut.

Le comte de Bismark, qui dirigeait la politique prussienne, comprenait si bien que le seul obstacle que ses visées ambitieuses, — restreintes en ce temps-là à l'annexion des duchés de l'Elbe, — pouvaient rencontrer, était le *veto* de la France, — *veto* qui, pour se justifier et pour s'exercer, même avec la sanction la plus efficace, n'avait qu'à s'appuyer sur la dénonciation d'un fait et sur la revendication d'un droit absolu, — qu'il flattait alors et secondait même, tout en les poursuivant d'une haine sourde, les idées, les institutions et les principes que la France avait à cœur de faire triompher. Aussi rien n'égale la prudence, la réserve, je dirai presque la timidité de la diplomatie prussienne, pendant cette première période. Les mémoires des chancelleries, les journaux prussiens officiels, officieux ou opposants, — tous d'ailleurs enrégimentés, — prouvent jusqu'à l'évidence l'exactitude rigoureuse de cette observation.

Ultérieurement, lorsque le danger qu'elle redoutait est écarté, lorsque la France a prouvé par son abstention qu'elle considérait les intérêts engagés comme des intérêts intérieurs, lorsque la question s'est *localisée*, lorsque l'armée prussienne a terminé *glorieusement* cette guerre, — guerre inique, monstrueuse, ridicule et lâche, guerre où la Force insultait le Droit, avec une cynique cruauté, — la Prusse s'enhardit, prend conscience de son génie diplomatique et de sa puissance militaire, et les met en œuvre au profit de son ambition.

La question entre alors dans une tout autre phase.

Une ingérence étrangère dans le règlement du sort des duchés conquis n'était plus à craindre, n'était plus possible, parce qu'elle n'était plus logique. La question était bien alors une question intérieure ; ni la France, ni l'Angleterre, ni le Danemark lui-même n'avaient le droit d'intervenir, car puisque, en vertu d'un droit strict et incontestable, l'on n'avait pas pu ou l'on n'avait pas voulu empêcher la conquête, on ne pouvait, en vertu d'un droit devenu caduc, empêcher l'assimilation, l'appropriation, l'annexion. Aussi la Prusse était-elle inattaquable ; toutes les bonnes raisons étaient de son côté, car elle n'avait à compter qu'avec la force et nullement avec le droit.

Elle usa d'abord de ruse, et elle réussit,—comme plus tard en usant de violence, elle devait réussir plus complétement encore,— parce qu'elle définissait son but à la face de l'Europe entière, et se préoccupait du reste assez peu des moyens qui devaient le lui faire atteindre.

Elle voulut donc partager le territoire conquis avec l'Autriche sans s'inquiéter de l'Allemagne, qui pourtant lui avait donné le mandat en vertu duquel elle avait agi.

Si l'Autriche avait été alors une nation bien dirigée, si l'Autriche avait eu une politique sérieuse, rigide et fondée sur les principes au lieu d'avoir une politique lâche, servile, hésitante et inspirée par les faits, l'Autriche aurait rejeté tout compromis, aurait poussé la logique de la situation jusqu'à la rigueur, aurait décliné toute prétention et toute responsabilité personnelles, relativement aux duchés conquis, et aurait dit à la Prusse :

— Il ne vous appartient pas plus qu'à moi de régler le sort définitif du pays que l'Allemagne a confié à la garde de nos armées. Selon le langage diplomatique que vous tenez à l'Europe, c'est une question allemande, c'est une question intérieure, — faites-en donc une question allemande et intérieure. Evoquez cette affaire devant la Diète de Francfort, et respectez la décision de la Diète, sinon, je contredirai votre assertion et je soutiendrai, ce qui est mon droit, que le sort des duchés de l'Elbe intéresse toute l'Europe.

Soit ineptie, soit faiblesse, l'Autriche ne tint pas ce langage : elle hésita d'abord, — mais la France devait-elle hésiter ? Que devait faire la France ?

Un moyen s'offrait à elle pour réparer une première erreur, elle devait le saisir.

Son influence diplomatique était encore décisive, elle devait pousser l'Autriche à ce raisonnement, l'inspirer, la soutenir, et quelque solution qui se fût produite, tout se serait borné à un échange de notes, ou tout au plus à une conférence. La Prusse n'eut pas osé résister à la Diète, derrière laquelle elle eût entrevu les baïonnettes françaises et autrichiennes la menaçant à son tour d'une exécution, et elle aurait dissimulé sa colère en célébrant les anniversaires de la prise du Dannewerke et de la bataille de Leipsick, — ce qui ne pouvait faire de mal à personne.

La France, qui mettait malheureusement ses forces au service de l'idée essentiellement germaine des grandes agglomérations, et secrètement bercée peut-être, — par les soins de M. de Bismark, — de l'espoir de voir son drapeau flotter sur Cologne, sur Coblentz, sur Mayence et sur Manehim, n'adopta pas cette ligne de conduite. Elle laissa faire encore.

La Prusse désintéressa donc l'Autriche avec de l'argent et des promesses, l'Autriche se retira, et la Prusse resta maîtresse du territoire qu'elle convoitait. Elle pouvait désormais pousuivre son œuvre, certaine d'un résultat sinon définitivement acquis, du moins réellement payé et dès lors constituant des droits et des titres.

Son activité s'exerça donc uniquement, à partir de la convention de Gastein, en vue de la domination de l'Allemagne : toutes ses forces vives furent dirigées contre l'Autriche.

Elle se servit alors, pour épouvanter la cour de Vienne, de son amitié naturelle avec la Russie et de ses relations avec la France.

Elle menaça l'organisme lui-même de la vieille monarchie impériale, — organisme essentiellement conservateur, catholique et fédératif, — de l'intervention des forces révolutionnaires en Italie et en Hongrie, et lorsque l'Autriche indécise, confiante et comme épouvantée des audaces de cette politique, se décida à provoquer l'exécution fédérale, la Prusse, sans se préoccuper de l'opinion publique en Allemagne, du respect des traités et des conventions qu'elle violait, de l'antipathie naturelle que lui inspiraient nos idées, nos traditions politiques et notre concours, s'appliqua à s'assurer *par tous les moyens possibles et à tout prix*, ce que j'appellerais justement et volontiers, *notre alliance passive.*

M. de Bismark y parvint.

On sait le reste.

Qu'il ait, dans son entrevue de Biarritz avec Napoléon III, atteint le but qu'il poursuivait en flattant les idées et les vues personnelles de ce souverain ou en laissant entrevoir dans son entourage la perspective populaire d'une rectification des frontières de 1815, ou en suivant toute autre voie, il n'importe! Les faits sont les mêmes, les conséquences et les fautes subsistent.

La France favorisa l'anéantissement de l'Autriche et

ne s'éveilla de son rêve que l'épouvante au cœur, au lendemain de Sadowa.

C'en était fait : la comédie tournait au drame. Le sort était jeté. L'Allemagne et l'Autriche disparaissaient, et la France était désormais seule en présence de la Prusse, résistante d'abord, bientôt agressive, menaçante enfin.

Le conflit commence donc, immédiatement après la paix de Prague, par une série de notes secrètes et de circulaires publiques, et bientôt la Prusse, assurée du concours de toute l'Allemagne, dont elle suscitait les vieilles haines en exaltant le vieil esprit universitaire, de l'amitié et peut-être aussi de l'alliance de la Russie, qu'elle était disposée à seconder en Orient, montre dans l'affaire du Luxembourg toute la vigueur de sa résistance, toute la fermeté de ses desseins, toute l'insolence de ses dédains.

La France pouvait en ce moment prendre deux partis extrêmes.

Elle pouvait profiter du désordre effectif où se trouvait encore l'Allemagne, et, relevant le Danemark, le Hanovre et l'Autriche, courir sus à l'ennemi en affichant hautement une politique de conquêtes. C'était le parti de l'audace et du droit. Le sentiment public l'aurait soutenu en France avec une violence irrésistible.

Elle pouvait, au contraire, entrer résolûment dans les vues ambitieuses de la Prusse, et lui proposer un partage fraternel de la Hollande et de la Belgique. C'était le parti de la prudence et du cynisme.

Le gouvernement français prit un moyen terme, et s'il agit selon la sagesse, — ce que je ne conteste point, — il n'agit point selon la logique,

La conférence de Londres se réunit et éloigna la question du Luxembourg.

L'antagonisme diplomatique subsista. Le conflit se poursuivit et *s'individualisa de plus en plus.*

Dès le lendemain de la conférence de Londres, la Prusse, en effet, n'a plus qu'un but politique : susciter une question européenne qui pousse la France à la guerre, et lui assure, à elle, des alliances naturelles. Aussi, dans l'insurrection de Crète, dans les troubles bulgares et serbes, dans l'anarchie révolutionnaire en Italie et peut-être aussi dans des mouvements plus mystérieux, sur lesquels l'opinion publique n'est pas encore éclairée, retrouvons-nous toujours un agent prussien à côté d'un agent grec, russe, italien ou américain.

La Prusse n'a plus qu'une préoccupation : infliger à la France de véritables insultes diplomatiques afin que le sentiment public, s'exaltant chez nous, pousse le gouvernement à l'action armée.

La Prusse n'a dès lors qu'un souci : braver la France par les journaux allemands, par les dépêches, par des notes diplomatiques.

La Prusse n'a en réalité qu'un but, — un but simple mais logique, — provoquer un bouleversement général de l'Europe, afin de s'emparer, à la faveur de ces ténèbres, du reste de l'Allemagne, et de partager avec la

Russie la domination du continent. C'est là son dessein, son désir et sa chimère, l'anéantissement du monde moderne et l'organisation d'un monde nouveau, basé d'un côté sur l'autocratie, de l'autre sur la féodalité.

Or, quelle est aujourd'hui l'attitude du gouvernement français en présence de telles manœuvres ?

La réserve.

Cette réserve qui est noble, qui est digne, qui est encore politique, d'après le langage des ministres actuels et du chef de l'État lui-même, peut-elle être plus longtemps conservée? Non.

Elle ne peut pas être conservée, parce que la réserve n'est permise que momentanément devant l'injure, et que le comte de Bismark a déjà infligé à notre pays trois soufflets diplomatiques : — le premier après la paix de Prague, le second après la conférence de Londres, le troisième au mois d'août, après la circulaire de M. de Moustier ministre des affaires étrangères, relativement à l'entrevue de Salzbourg.

Elle ne peut pas être conservée, parce que la France doit, dans les circonstances présentes, prendre plus de soin de ses intérêts réels que de ses rêves généreux et nobles.

Elle ne peut pas être conservée, parce que si la France n'écoutait pas en cette occurrence l'instinct de sa grandeur, elle devrait écouter celui de sa conservation.

Elle ne peut pas être conservée, parce que la Prusse

et la France doivent se résigner, l'une ou l'autre, à jouer dans l'avenir le rôle de puissance de second ordre.

Elle ne peut pas être conservée, parce qu'entre ces deux puissances l'action diplomatique est épuisée, et qu'il n'y a plus que les faits qui puissent préparer une solution.

Elle ne peut plus être conservée enfin, *parce qu'*IL EST TEMPS DE FAIRE L'ORDRE EN EUROPE, parce que pour faire l'ordre en Europe, *il faut que l'ordre se fasse en Allemagne*, — et que... nous avons le droit et la force de le faire.

Or, l'action diplomatique étant épuisée, la lutte doit cependant se poursuivre...

Donc... la guerre!

---

## V

### Prusse et Russie.

C'est toujours une conclusion terrible que celle qui ne laisse entrevoir, comme dernier mot des solutions humaines, que des outrages sanglants faits sciemment à la raison, à l'intelligence et au progrès de l'humanité. Il est plus aisé et plus doux au cœur d'éloigner de l'esprit des hommes ces rêves d'acharnement et de mort, que de leur en montrer l'inexorable et fatale réalisation comme nécessaire et prochaine ; mais, si l'on doit détester la guerre lorsqu'elle est la folie d'une ambition, lorsqu'elle n'a pour mobile qu'un instinct bestial et féroce, — l'amour du bruit et d'une renommée, — on doit l'absoudre et ne point la craindre lorsqu'elle est l'appel suprême et désespéré du Droit et de la Conservation à la Force et à l'Indépendance, le dernier acte réfléchi de la Liberté et de la Défense, la représaille nécessaire et juste d'un peuple contre l'injure et la violation.

Jamais guerre ne fut, il est vrai, plus longuement préparée, plus effective dans les cœurs et dans les esprits avant de l'être dans les forces, plus patiemment calculée et prévue de part et d'autre, et en même temps plus légitime, plus libérale et plus indispensable que celle dont j'ai entrepris de démontrer l'urgence ; mais aux raisons que je n'ai pu que résumer ici, et qui ne sont que des raisons de science politique déduites d'après la logique des faits, s'ajoutent toutes les raisons de sentiment que l'exaltation de la conscience publique et de l'amour-propre national peuvent inspirer à la France.

On ne raisonne pas avec les entraînements du cœur, et les acclamations qui accueillent le passage de nos troupes dans les cérémonies les plus simples, l'intérêt, en quelque sorte poignant qui s'attache aux récentes modifications de l'armement de notre armée, prouvent jusqu'à l'évidence que la nation attend la guerre, qu'elle la comprend, qu'elle l'appelle et qu'elle la demandera demain.

On doit donc, aujourd'hui, se demander seulement si quelques raisons majeures doivent nous pousser à différer l'action armée, et quelle est la valeur de ces raisons.

Or, on ne peut porter sur ce point un jugement réfléchi qu'en étudiant les alliances de la Prusse, et en leur opposant par la pensée les moyens de résistance et d'agression dont la France dispose ou disposera dans un avenir prochain.

Au premier plan des alliances prussiennes se trouve la Russie.

Lorsqu'on envisage au point de vue politique la position et l'influence de la Russie en Europe, on est d'abord justement effrayé de l'immensité de cet empire, de l'organisation puissante des éléments qui le composent, des tendances qui s'y manifestent, et surtout de l'unité d'esprit qui, sous le gouvernement autocratique, semble animer les classes les plus diverses de la nation.

En effet, la vue de ce pays presque sans limites et dont les forces, obéissant à une loi invisible, se portent toujours aux extrémités, dont la situation géographique menace à la fois et par les points vulnérables les deux terres privilégiées de notre vieux monde : l'Asie par la Perse, et l'Europe par le Bosphore, inspire une involontaire tristesse, et comme un étonnement navré. Les observateurs, qui se préoccupent moins de l'enchaînement et de la logique des faits que des faits eux-mêmes, s'épouvantent en songeant que l'empire russe est homogène, — c'est-à-dire composé de populations presque barbares, il est vrai, mais converties depuis longtemps déjà au dogme russe de l'obéissance, — et que la bourgeoisie, cet élément progressif, salutaire, mais essentiellement turbulent de nos sociétes gallo-latines n'existant pas, les trois puissances de la nation, le tzar, les seigneurs et le peuple s'harmonisent, se développent dans le même sens et s'unifient dans l'action commune.

La Russie n'a pas encore été troublée sérieusement, et conséquemment jouit de toute l'intégrité de sa vie nationale.

Ses tendances politiques ont été conservées comme des traditions depuis le tzar Pierre Ier, par les hommes d'une intelligence plus ouverte qu'élevée, qui ont présidé depuis à ses destinées.

Pierre Ier, qui avait parcouru la France et l'Europe moins en souverain qu'en observateur et en ennemi, — vers le temps où notre organisme social était à moitié ruiné par les splendeurs personnelles de la royauté et par les abaissements serviles du peuple sous le règne de Louis XIV, — avait évidemment surpris les causes de défaillance et de trouble qui déjà se manifestaient chez nous, et devait prévoir peut-être les révolutions qui étaient proches. Il dut se préoccuper d'éviter à son pays les malheurs qui menaçaient la France, et ultérieurement chacun des États européens, et surtout de sauvegarder l'avenir de sa race. Le moyen qui lui parut le meilleur fut de détourner la Russie de tout travail intérieur, en ordonnant à ses successeurs de porter toutes les forces de l'empire vers l'agrandissement et vers la conquête.

Jusqu'ici, les événements ont confirmé les prévisions de cette politique, et l'organisme russe n'a pu même souffrir de la faute énorme qu'au point de vue des traditions du tzarisme Alexandre II a commise en commençant l'émancipation des serfs.

Dans soixante ans, la Russie aura une bourgeoisie, et la révolution commencera et triomphera chez elle; mais, en attendant, tous les Russes obéissent avec la rigueur, avec la patience, avec la conviction les plus absolues aux impulsions qui partent d'en haut, et si l'esprit public existe, il est aussi inconsciemment servile que les corps et que les actes.

Sans doute, une puissance ainsi située, ainsi constituée et surtout ainsi dirigée et servie, doit inspirer un effroi sans bornes aux politiques de faits, d'utopies et d'aventures; mais les politiques de principes, de substance et de réflexion s'arrêtent à considérer les causes de faiblesse, qui depuis quelque temps ont arrêté son développement, et comprennent que la prépondérance et l'invasion russe en Europe sont des chimères, et que la Russie est, pour les vieilles influences européennes, mille fois moins redoutable que la Prusse ou plutôt que l'Allemagne ou que l'Amérique.

Les faits ont ici une éloquence suprême.

Si la Russie avait été réellement redoutable, elle aurait certes dévoré vingt armées françaises, anglaises et turques, avant d'être sérieusement en péril comme en 1854, avant la prise de Sébastopol.

Elle n'aurait pas eu besoin en 1830, 1848 et 1863 de réunir toutes ses forces et de faire de véritables campagnes, durant plusieurs mois, pour étouffer les insurrections polonaises, et pour écraser une poignée de paysans qui combattaient ses troupes en rase campagne, et qu'un seul mot de la France pouvait rendre victorieux et indépendants.

Il ne suffirait pas d'une flotte anglaise croisant dans l'archipel grec pour lui interdire de prendre Constantinople sans défense, et de réaliser ainsi le rêve séculaire de sa politique.

Il ne suffirait pas du *veto* lointain et forcément inefficace de la France et de l'Autriche pour l'empêcher de s'incorporer les pays bulgares, roumains et serbes, sans cesse agités par ses intrigues, et soulevés périodiquement par des séditions.

Enfin, si la Russie était bien réellement en possession

de la force agressive qu'on lui attribue, elle ne s'entourerait pas de précautions cauteleuses et d'alliances patiemment recherchées, pour demander la révision du traité de Paris, comme on lui en attribue l'intention; elle violerait ouvertement ce traité au nom de la volonté souveraine des forts, au nom de la justice inhérente au succès lui-même, et couvrirait la mer Noire de ses flottes et le détroit de ses canons.

Il faut donc que des causes bien puissantes paralysent tout l'organisme russe dans ce qu'il a de plus intime et de plus vivant.

Ces causes sont au fond des causes simples, — c'est-à-dire résultant de l'existence elle-même de la Russie ou des lois naturelles du développement historique, — et il est facile de prévoir les effets nouveaux qu'elles pourront produire.

On doit d'abord considérer que la Russie est proportionnellement moins peuplée que tous les royaumes de l'Europe et que plusieurs des provinces asiatiques : conséquemment, l'étendue elle-même de son empire est pour elle une cause d'affaiblissement.

Un pays, quel qu'il soit, paisible ou tourmenté, en intelligence ou en hostilité avec ses voisins, doit avant tout pourvoir à la garde de ses frontières; ainsi la majeure et meilleure partie de son armée active est forcément immobilisée sur les confins de sa domination.

Pour la Russie, cette nécessité générale est encore plus impérieuse que pour tous les autres gouvernements d'Europe, car les armées qu'elle est obligée d'entretenir soit en Asie, soit sur les frontières slaves, soit en Pologne, sont perpétuellement en activité, et ne peuvent se retirer ou diminuer leur effectif sans compromettre d'une façon sérieuse les intérêts et les influences qu'ils représentent. Le Caucase toujours prêt à la révolte ; les frontières de l'Inde où la guerre est permanente ; la Sibérie, les rives du Pruth, la Gallicie, la Finlande et la Pologne, sont des points que les armes russes doivent toujours couvrir, parce qu'ils sont toujours naturellement menacés.

En outre, l'organisation intérieure de la monarchie russe étant une organisation purement militaire, les services publics étant exclusivement livrés à des castes régulièrement enrégimentées, la plupart des emplois civils étant dévolus à des généraux, à des officiers ou même à des soldats, une notable partie de la puissance militaire russe se trouve forcément immobilisée, et le gouvernement ne pourrait user de l'effectif complet de l'armée, dont il dispose nominalement, qu'en arrêtant pendant toute la durée d'une guerre le mouvement et la vie elle-même du pays, ce qui est impossible.

On peut donc soutenir, sans crainte d'être démenti, que le chiffre de soldats dont la Russie pourrait disposer dans une guerre européenne serait à peine égal, — sinon moindre, — à celui dont pourrait disposer actuellement la Prusse, et que, — comme la Prusse, — elle serait obligée de s'imposer, pour le maintenir pendant six mois en campagne, les plus ruineux sacrifices.

On sait, du reste, quel est l'état des finances russes.

D'ailleurs, les conditions déplorables du recrutement militaire en Russie, le défaut d'instruction ou la barbarie complète des troupes, la mauvaise administration des ressources et des vivres, sont autant de faits dont il faut tenir compte.

La politique traditionnelle de la Russie est elle-même l'une des raisons de cette faiblesse ; ses prétentions sur la Turquie, son obstination en Pologne, son ambition dans les provinces slaves, l'obligent à porter l'effort de son action militaire sur plusieurs points à la fois.

Enfin le caractère et les éléments des forces russes sont bien différents de ceux des forces européennes. Les mobiles moraux qui sont les agents les plus puissants du patriotisme se retrouvent au fond du cœur de tous les soldats occidentaux, lorsque ces soldats sont sur le point de sacrifier leur sang et leur vie à la cause de leur pays. Dans les armées de la basse Europe, tout soldat est citoyen et ne marche au-devant de la mort que librement en quelque sorte, et parce qu'il est soutenu par le sentiment de son honneur et de celui de ses frères.

En est-il de même dans les armées russes?

Il me semble, d'ailleurs, qu'un pays travaillé comme la Russie par une véritable révolution intérieure et où les ressorts essentiels de la vie économique ne sont pas encore organisés ou sont en voie de formation, ne peut tenter un grand effort extérieur dans le sens de l'invasion ou de la conquête contre des peuples qui jouissent de la plénitude de leur vie et de leur liberté sociales, et qui ont le sentiment de leurs droits, de leur devoir, et le souci de leur honneur.

Les nations ne périssent que par leurs propres fautes. C'est un axiome dont on peut, l'histoire à la main, vérifier l'exactitude.

Les invasions ne sont redoutables que lorsque les éléments constitutifs des pays envahis sont désagrégés par la corruption ou par le servilisme. Tel n'est pas encore, je l'espère, le cas des nations gallo-latines.

Ce sont là les considérations premières qui s'imposent à l'esprit, lorsqu'on étudie sérieusement la constitution des forces russes.

Cependant le fait qui rend actuellement la Russie moins puissante que ne le pensent les hommes qui s'attachent aux apparences et non aux réalités, aux chiffres et non à leur expression, celui qui déterminera sa chute ou du moins modifiera les conditions de son existence au point de vue des intérêts européens, est tout autre et d'un ordre plus élevé, — je dirai presque providentiel.

Un gentilhomme polonais, le comte Z..., dont j'ai souvent admiré le bon sens et recherché les conseils, me disait un jour à ce sujet :

— Vos Français ont vraiment, en politique, une intelligence plus brillante qu'originale. Vous êtes, certes, des hommes merveilleux pour l'assimilation et la vulgarisation des idées, vous êtes des enfants pour leur application et pour leur poursuite. Vous m'en donnez une preuve nouvelle en m'exposant l'opinion que vos publicistes conçoivent et que vos journaux répandent au sujet de l'avenir de l'empire russe. Un mot de Napoléon Ier à Sainte-Hélène, — mot qui n'est rien moins qu'authentique, — a suffi pour populariser en France une erreur monstrueuse, pour tout homme qui sait, qui réfléchit et qui juge. « Dans cinquante ans l'Europe sera républicaine ou co-« saque ! » D'abord, cette prétendue prophétie a cela contre elle : qu'elle ne s'est point réalisée. Il y a cinquante ans que l'Empereur est mort et l'Europe est aussi loin d'être républicaine que d'être cosaque. L'Europe s'organise, et si elle devient jamais quelque chose, elle deviendra industrielle, productrice et paisible. Ce propos ne peut être qu'une plaisanterie, prise au sérieux par des esprits étroits ou des subalternes. Je connais la Russie, je l'ai étudiée, je l'étudie depuis trente ans et je l'observe parce que malgré tout j'aime mon pays, — la Pologne, — et que je n'ai pas perdu l'espoir de la voir revivre et de venger peut-être ses affreux destins. A mon sens, l'Europe n'a rien à craindre de la Russie et sans entrer dans le détail des preuves de faits, de chiffres et de considérations actuelles, — que l'on peut toujours discuter, — je vous en donnerai une raison sans réplique tirée de la logique de l'histoire. La Russie doit subir les lois de l'économie générale des peuples, qui veulent que lorsqu'un empire a acquis par la conquête un développement hors de proportions avec ses forces réelles, — lorsque l'étendue des pays subjugués est trop vaste pour être exclusivement administrée par la race victorieuse, — cet empire se scinde, décroisse ou disparaisse. C'est ce qui est arrivé autrefois aux empires asiatiques, — assyriens, mèdes, perses, etc., — plus tard à l'empire romain, plus tard encore à l'empire d'Occident, fondé par Charlemagne, dans les temps modernes à l'empire turc, à l'empire allemand et de nos jours à l'empire de Napoléon Ier lui-même. C'est ce qui arrivera fatalement à l'empire russe. Vous vous effrayez de voir la Russie poursuivre sa marche vers Constantinople et réveiller la question d'Orient : c'est cette question qui l'arrêtera peut-être. En tout cas, lorsque la Russie possédera Constantinople, la Russie se divisera fatalement en deux empires et suivra alors les destinées communes des autres puissances, — parce que des pays aussi différents par les mœurs, par le climat et par les races, ne peuvent évidemment rester soumis aux mêmes institutions et gouvernés longtemps par les représentants d'une même caste. C'est la logique des situations et de la politique russe qui le veut ainsi, et dans cette hypothèse, quels seraient les dangers qui menaceraient l'Europe? Ces deux empires seraient, au contraire, au titre le plus simple et le plus naturel des éléments d'ordre et de paix. Pour moi, je ne compte pas, je ne dois pas compter sur la réalisation de ces prévisions lointaines pour la restauration de ma malheureuse patrie; car j'aurais, en ce cas, la douleur de me résigner à ne point assister au triomphe du droit, moi qui ai assisté au triomphe du crime. Je compte plutôt, pour relever les ruines, pour édifier l'ordre nouveau, pour rendre, en un mot, la paix aux consciences, sur le grand bouleversement de l'Europe prévu par tous les politiques, prédit par tous les économistes, attendu par tous les hommes de bonne foi et de bonne volonté, et dont nous voyons les premiers symptômes : mais, quand on me parle de l'avenir de la Russie dans la civilisation occidentale, je me contente de sourire et de regarder tristement d'un autre côté. »

Ces paroles se sont présentées depuis très-souvent à mon esprit, et j'ai dû reconnaître que l'étude de l'organisme russe les confirmait et les rendait aussi nettes, aussi tyranniques que des chiffres.

Tant que l'émancipation des serfs se poursuivra graduellement et politiquement, la Russie restera ce qu'elle est encore, — un corps social à l'état de formation, — et elle pourra suivre les traditions de sa politique extérieure ; mais lorsque l'avénement des classes moyennes, régulièrement organisées à la vie publique, aura succédé à cette période d'agrégation et de travail intime, si ses rêves de conquêtes se sont réalisés, si ses armes sont victorieuses, si Constantinople lui donne une troisième capitale, l'Empire des tzars se divisera, et il se trouvera bien à point nommé sur les marches du trône quelque grand-duc assez ambitieux pour rendre une couronne à Byzance sans découronner Pétersbourg et Moscou.

Aussi me paraît-il évident qu'à un point de vue purement spéculatif, la politique russe est une politique étroite, servie par de grands talents, avec une grande habilité.

Si, sans renoncer à exercer en Europe une influence légitime qui deviendrait d'autant plus efficace et d'autant plus incontestée qu'on la saurait moins envahissante et moins dangereuse, la Russie inaugurait à l'extérieur une politique de loyauté et non d'intrigues, de conversation et non de bouleversement, d'équilibre et non d'agression; elle pourrait atteindre un degré de développement et de prospérité économique qu'elle ne connaîtra sans doute jamais ; alors pour la France, l'alliance russe serait peut-être plus sûre et plus naturelle que l'alliance anglaise.

Enfin, si le gouvernement russe comprenant aujourd'hui son rôle dans les nécessités des temps modernes, portait ainsi toutes ses forces vers l'intérieur, il pourrait traverser intact la crise qui le menace, — et qui pourra le détruire, — et maintenir, favoriser, sauver en un mot le progrès de la race qu'il représente.

Mais la Russie, dirigée par des hommes d'État, dont les talents sont à la fois trop solides, trop brillants et trop spéciaux pour s'élever jusqu'aux grandes conceptions, et conséquemment jusqu'au génie, poursuit son œuvre.

Elle s'est alliée à la Prusse pour livrer de nouveau aux influences de la Basse-Europe ce grand combat périodique, qui déjà, sous Charlemagne et sous Napoléon, nous a donné, puis conservé l'Empire du monde : voilà le fait actuel.

Il a suffi de démontrer que cette alliance doit être considérée comme traditionnelle, comme très-grave et très-puissante, mais qu'elle ne doit inspirer ni terreur, ni découragement, ni regret.

La Russie porte en son sein une cause de ruine certaine, — son ambition.

## VI

### Les Diversions. — Amérique et Italie.

Ce ne sera pas surprendre l'un des caractères les moins étonnants de cette lutte, que de constater que les diversions qui seront forcément entraînées par l'action principale seront aussi graves et aussi décisives que l'action occasionnelle.

Peut-être ces diversions auront-elles malheureusement plus de portée que ne le croient les politiques eux-mêmes qui les provoquent; en tout cas, elles pourront aggraver singulièrement le conflit, et influer même sur son dénoûment. Il convient donc de les prévoir et de déterminer leur but dans la mesure des forces et de l'intelligence humaines.

Aussi bien en abordant cette question surprend-on tout le secret, tout le mécanisme de la politique qui nous est hostile, et nous crée aujourd'hui des devoirs, un point d'honneur et des nécessités pénibles : *la politique de la Prusse est, depuis l'avénement, au pouvoir de M. le comte de Bismark, une politique de diversions.*

Cette affirmation est si naturelle, si exacte, qu'il est inutile de la corroborer par des exemples, par des raisonnements et par des faits. Le simple bon sens et la mémoire suffisent pour en démontrer la rigueur ; c'est un enseignement précieux et qui jette sur les actes passés, présents et futurs de la chancellerie prussienne, une lumière fort vive. J'aime à croire que les nations et les gouvernements que ces actes concernent ont recueilli cette observation, bien avant un publiciste qui ne dispose ni des télégrammes secrets, ni des rapports d'ambassade, ni de la totalité des informations étrangères.

Quoi qu'il en soit, l'étude de ces diversions et de leur raison d'être est nécessaire pour saisir l'ensemble des manœuvres qui nous menacent, et pour enflammer les cœurs loyaux pour la défense commune par le sentiment du danger et de l'austère gravité des circonstances.

Les deux seules diversions qui puissent sérieusement favoriser la politique prusso-russe sont la diversion américaine et la diversion italienne.

Qu'on le remarque d'abord, la politique dissolvante que suit M. de Bismark ne peut trouver un appui suffisant dans les forces qu'elle groupe autour d'elle, et dans les principes eux-mêmes qu'elle met en œuvre. Si les idées, dont cet homme d'État poursuit la réalisation, étaient des idées vraiment fécondes et vraiment justes, il aurait assez des forces germaines, et au besoin assez des alliances européennes pour les imposer à l'Allemagne et à l'Europe ; il n'aurait pas besoin, — lui germain, — pour combattre la France qui représente l'équilibre au nom du groupe gallo-latin, de désorganiser ce groupe en faisant un pacte avec l'Italie, — lui absolutiste, — pour faire triompher une monarchie féodale, de s'appuyer sur la révolution, — lui Européen, — pour régler des intérêts européens, de susciter en Europe les intérêts de l'Amérique du Nord,

Ah ! c'est seulement en présence de ces extrémités odieuses, qu'une âme française doit éprouver quelque crainte, quelque tristesse et quelque dégoût.

On peut tout excuser en politique, tout et tous, sauf les meurtriers et les traîtres, et si quelqu'un est surpris de trouver ici ce mot : les traîtres, je lui dirai que je ne l'écris pas sans une hésitation cruelle et sans un secret serrement de cœur, et que je vais l'expliquer. Il faut d'ailleurs l'expliquer, parce qu'il pourrait faire sourire les gens les plus fermes, et qu'il doit au contraire forcer leurs réflexions ; il le faut parce que pour combattre avec calme et avec courage, il est nécessaire de bien connaître ses ennemis ; il le faut, enfin, parce que nous devons savoir quels sont les dangers qui nous environnent, quels sont les hommes qui les suscitent, quelles sont les circonstances qui les perpétuent.

Il suffit, pour qu'on me comprenne, d'établir une simple distinction.

Il y a trahison et trahison. On peut trahir un secret, une combinaison diplomatique, un homme d'État, un souverain ; ce sont là des trahisons privées en quelque sorte, qui épouvanteraient sans doute les âmes droites, qui sont infâmes, viles et noires, qui feront crier toutes les fibres de ma conscience et de la vôtre, et qui n'ont cependant rien d'extraordinaire, rien de surprenant, rien qui sorte du cours normal de la vie réelle pour qui connaît les hommes, les a pratiqués, et s'en est servi.

Mais, que l'on trahisse une patrie, que l'on trahisse une race, que l'on trahisse un continent, une civilisation au nom et au profit d'une ambition personnelle ou d'un idéal politique : quelle stupeur! quel rêve!

Et cette trahison s'accomplit.

Il y a, dans les cours du nord de l'Europe, deux hommes d'Etat, — MM. de Bismark et Gortschakoff, — qui, croyant déplacer une influence, croyant anéantir à jamais dans notre monde la prépondérance des races gallo-latines au profit des Slaves et des Germains, vont accomplir demain peut-être l'œuvre la plus monstrueuse et la plus satanique qui jamais ait épouvanté les hommes.

Ils appellent, pour soutenir une politique d'utopies, de chimères et de désordre despotique dans notre Europe malade et presque vieillie, épuisée de sang et de lassitude, ces sombres aventuriers du Nouveau-Monde, qui tuent non par nécessité, mais par calcul, qui font de la guerre un fait de commerce et joueront peut-être dans l'histoire des décadences modernes le rôle des Barbares dans la décomposition du monde romain.

Et ce ne sont déjà plus des *tendances* qui affirment les réalités de cette politique effroyable, devant laquelle auraient reculé, — je l'espère pour l'honneur de leur mémoire, — Hardenberg, Metternich, Nesselrode et Pitt lui-même, les plus implacables ennemis de notre race et de notre nation, ce sont des *manœuvres* qui en préparent le triomphe et en déterminent l'action. Ces manœuvres s'exercent en Angleterre par le fénianisme, en

Grèce et en Turquie par les négociations tendant à l'achat d'une ou plusieurs îles de l'Archipel.

Quant à l'agrégation des forces coalisées c'est déjà un fait : cela est incontestable pour qui sait seulement lire un télégramme ou déchiffrer un mémoire de chancellerie. Le point où cette diversion se produira, les prétextes qui la feront naître sont connus, avidement recueillis et dénoncés.

Qu'on lise, à ce sujet, les télégrammes de Crète, de Constantinople, d'Athènes et de Pétersbourg, et les journaux d'Amérique et les journaux de Berlin. D'ailleurs, les chanceliers de Prusse et de Russie sont logiques et poursuivent, jusqu'à l'extrême, les rigoureuses nécessités des situations qu'ils acceptent. Grâce à eux, leurs alliés d'Amérique entreront dans notre continent par la partie orientale. L'endroit est admirablement choisi : car il ne peut y avoir de ce côté aucune résistance locale. C'est par cette porte qu'il est le plus facile de pénétrer au cœur de l'Europe ; enfin, dernière analogie terrible, c'est en suivant le cours du Danube que toutes les invasions barbares intelligemment conduites entraient sur le sol du Bas-Empire romain.

Or, il est important de préciser le caractère de la lutte qui s'engagerait, dans cette occurrence, entre nous et les Américains du Nord : ce serait une lutte monstrueuse, une lutte sans précédents, sans issue autre que la mort, sans grâce, sans relâche et sans trêve, — la lutte de deux civilisations.

En effet, la civilisation européenne, procédant du christianisme et organisée monarchiquement, est une civilisation essentiellement *collective.*

Le germe, la source, le type de cette civilisation est LA FAMILLE, — *la famille, instable telle que la religion chrétienne l'a constituée, telle que l'ont faite, en France, le code Napoléon, et ailleurs les lois locales*, telle qu'elle apparaît aux philosophes dans l'idéal de sa force, de sa beauté, de son amour.

Le caractère de la civilisation américaine est, au contraire, un caractère essentiellement *individuel.*

Le germe, le type de cette civilisation est *la personne.*

Il serait complétement inutile et inopportun de discuter ici les mérites respectifs de ces deux organismes sociaux : il suffit de constater leur existence contradictoire et d'affirmer leur antagonisme naturel.

Mais, qui ne comprend que ces deux civilisations sont aujourd'hui en pleine lutte?

Qui n'a vu, dans la tragédie lugubre dont le Mexique a été le théâtre, une déclaration de guerre de continent à continent, l'insulte implacable et mortelle d'une race à une autre race, l'appel aux passions sauvages, qui n'éclatent sur la terre que quand le monde va se transformer?

Le meurtre d'un archiduc d'Autriche dans les montagnes du Mexique fut une farouche provocation lancée à la face de la vieille Europe *monarchique et collective*, par l'Amérique républicaine et individuelle.

Or, le soufflet n'est pas vengé, voici le duel qui commence.

Nous n'allons pas vers l'Amérique, l'Amérique vient et viendra vers nous.

Je ne veux point poursuivre dans ses détails l'analyse de cette situation politique, si réellement exceptionnelle. J'en ai assez dit pour expliquer ma pensée et provoquer les réflexions des hommes de science et de volonté.

Telle est l'œuvre et tels sont les hommes que je signale.

Il y a plus, au cœur même des nations menacées, certains hommes, — jocrisses ou scapins, — qui, voyant dans la solution terrible ou funeste qu'amènera peut-être l'alliance de la Russie, de la Prusse et de l'Amérique le triomphe de leurs ambitions et de leurs rêves, soutiennent de l'esprit, du cœur et de la voix, les manœuvres prussiennes, russes et américaines, encouragent les tendances de leur politique et attendent l'issue des bouleversements qui se préparent pour servir leurs passions et assouvir leurs haines mesquines.

Les journaux de l'une des innombrables écoles libérales, qui sont comme la fleur des pois de notre philosophie politique, prouvent tous les jours qu'on ne calomnie personne en exposant ces faits et ces appréciations.

D'ailleurs, le *Courrier français* rappelait, il y a quelques jours, le propos connu, mais digne de remarque, d'un ambassadeur d'Amérique à la cour d'Espagne :

— QUAND LE MOMENT SERA VENU, — disait cet envoyé, M. Soulé, — *nous débarquerons sur vos côtes vingt-cinq mille Yankees, qui ne feront qu'une bouchée de votre civilisation.*

Je ne puis m'empêcher de faire observer à mes lecteurs que ce M. Soulé était un libéral français... absolument incompris en France.

Propros de gascon furieux d'impuissance et de délire, au fond duquel se découvrent cependant les désirs d'un monde et les farouches appétits d'un parti.

C'est donc trahir sa patrie, sa race et son origine, que de faire intervenir, dans des guerres exclusivement européennes, des forces qui tendent à détruire et à asservir l'Europe. Et c'est là l'œuvre que poursuivent en ce moment M. de Bismark, au nom des Germains, le prince Gortschakoff, au nom des Russo-Slaves, et certains libéraux cosmopolites, au nom de l'humanité !

En vérité, fut-il jamais spectacle plus stupéfiant et plus lugubre ; et LE MOMENT SERAIT-IL VENU de désespérer des hommes et de Dieu lui-même et de se voiler la face pour attendre les catastrophes, l'esclavage et enfin la mort?

Quant à la diversion italienne, il faut s'en préoccuper uniquement parce que ce sont des principes conservateurs et des forces catholiques qu'elle menace, mais c'est presque la farce après le drame, et l'étude de sa portée et de ses moyens d'action peut être considérée comme délassement d'un esprit juste.

Les Italiens forment vraiment un peuple exceptionnel par son caractère, par son génie et par ses tendances : mais un peuple artiste et conséquemment corrompu, un peuple superstitieux et conséquemment sans ressort moral, un peuple mobile et conséquemment sans tenue, sans règle et sans résistance, un peuple sensuel et conséquemment épris de la forme, du bruit et de l'attitude, un peuple turbulent et conséquemment sans organisme, un peuple perverti par les dissensions civiles, par la tyrannie d'abord, par la révolution ensuite et conséquemment sans conscience politique.

Lorsqu'on fait de la politique, et de la politique française, on doit évidemment compter *sur* l'Italie ou *avec* l'Italie : mais l'on ne doit jamais oublier que sous Arlequin, sous Coviello ou sous Girolamo, on peut retrouver Scapin, Bravache ou Sacripant.

Aujourd'hui, les hommes d'Etat français feront bien de compter *avec* l'Italie : c'est pourquoi l'on doit examiner la raison d'être, les forces et les effets d'une diversion italienne pendant la guerre que nous prévoyons.

L'action armée, engagée récemment entre l'Italie et la France, ne peut être considérée que comme un incident et nullement comme une guerre ou comme le prologue d'une guerre.

C'est une répression simple et naturelle, dirigée non pas directement contre la monarchie italienne, telle qu'elle s'est constituée en 1859, avec la connivence d'abord et plus tard sous la tutelle du gouvernement français, mais contre la révolution cosmopolite et contre les complices de la révolution dans la monarchie italienne.

Cette action aura forcément, tôt ou tard, pour conséquences des modifications radicales dans l'état et dans l'organisation de l'Italie, et ce n'est point trop s'avancer que d'affirmer que ces modifications se produiront à l'aide des hommes et des institutions réactionnaires, et dans le sens de ces hommes et de ces institutions : aussi un retour au système fédératif, que les traités de Villafranca et de Zurich semblaient avoir pour but d'instaurer dans la péninsule, se présente-t-il à tous les esprits logiques comme la seule solution rendue possible et probable par les faits de guerre de cette nouvelle intervention, — de quelque façon que cette intervention se poursuive.

Cette intervention est, peut-être, l'acte le plus profond et le plus significatif du gouvernement français depuis les récentes modifications de l'Allemagne : j'exposerai pourquoi, je dirai comment elle doit être jugée, comment doit être interprété sur ce point le langage de la presse libérale française.

Mais cette solution ne sera ni immédiate, ni définitive : car les destinées de l'Italie ne se régleront d'une manière absolue que lorsque l'organisme général de l'Europe se reconstituera naturellement, entraînant vers une évolution normale les organismes particuliers des différents groupes.

Aussi, quelque solution qui se produise, que le congrès se réunisse ou qu'il échoue, que tôt ou tard Rome soit prise, reprise, abandonnée, disputée, détruite ou triomphante, méprisée ou enviée, que nous ayons une garnison française au Vatican ou une flotte à Civita-Vecchia, ou que nous nous retirions de la terre italienne, qu'une nouvelle guerre nous conduise à Florence, que la révolution y succède à la monarchie ou que la monarchie s'y perpétue, les résultats ultérieurs seront toujours pour nous les mêmes, et nous devrons nous attendre à voir l'Italie suscitée contre nous, au moment prochain où une étincelle, partie de la Hollande ou de la Belgique, du Danemark ou de la Turquie, embrasera l'Europe comme un volcan et donnera le signal des grandes catastrophes qu'il faut prévoir et prévenir.

En ces circonstances extrêmes, les rancunes et les intérêts italiens se trouveront également engagés, servis et satisfaits.

L'Italie est en effet fatalement entraînée corps et âme, cœur et esprit, par les courants des idées radicales : car les partis et les castes elles-mêmes n'ont pas eu le temps de se fondre assez complétement pour y créer cette union intime des intelligences qui fait comprendre à un peuple les besoins de sa dignité, les mobiles de sa direction et lui donne comme une conscience politique. L'Italie est et sera longtemps encore irritée par ses déceptions, inassouvie par ses bonnes fortunes, emportée plutôt par la poursuite de ses haines et par la furie de ses désordres, que par la satisfaction de ses exigences et par la raison de ses devoirs.

On ne peut, d'ailleurs, rejeter l'odieux de cette situation sur aucune mémoire, pas plus sur Cavour que sur le cardinal Antonelli, pas plus sur le roi que sur la nation, pas plus sur le parti radical que sur le parti rétrograde : ceci n'est pas le crime d'un seul, mais le résultat des fautes de tous et enfin le jeu du hasard dans l'histoire du destin des hommes.

L'Italie est, en un mot, aujourd'hui un nation révolutionnaire, — mais principalement dans l'ordre des faits et très-peu dans l'ordre des idées, — comme la France de 1793 fut une nation révolutionnaire dans l'ordre des idées d'abord et dans l'ordre des faits ensuite.

Or, on ne peut pas plus demander à l'Italie des Savoie-Carignan, de Garibaldi et de Mazzini, d'agir régulièrement et de se diriger dans le sens de la politique d'ordre, de raison et d'avenir, qu'on ne pouvait demander à la France de Danton et de Robespierre de continuer les traditions de la politique française.

Donc, l'Italie, emportée par son vertige et par ses rancunes, devra selon toute probabilité nous faire face et nous combattre dans le sud, tandis que la Russie et la Prusse nous combattront au nord et à l'orient.

Il n'y aurait qu'à constater cette nécessité monstrueuse que les erreurs de la politique française depuis 1789, les idées et les principes de l'éducation italienne moderne ont créée à l'Italie, et à passer outre, si les actes politiques et les destinées de l'Italie ne se liaient aux actes et aux destinées du chef de l'Eglise catholique et n'influaient ainsi sur l'organisation des forces conservatrices dans toute l'Europe.

La question romaine, telle que la comprennent et l'envisagent les hommes politiques, élevés par la hauteur de la conscience et des conceptions saines au-dessus des vulgaires passions des partis extrêmes, domine de toute la grandeur de l'idée comparée à l'acte, de la toute-puissance du droit sur le fait, toutes les questions *locales* actuellement pendantes en Europe.

Toute action politique engagée à Rome devient bien évidemment l'action majeure : c'est là le point où s'engage toujours la mêlée révolutionnaire et conservatrice, *car il est de toute certitude, que le jour où le pape aurait disparu comme pape, c'est-à-dire comme chef couronné, indépendant et régulièrement instauré du catholicisme romain, la religion catholique n'existerait plus, dans chacun des états de l'Europe, qu'à l'état de secte, presque sans communication d'abord et bientôt sans unité de doctrines avec les sectes ses voisines.*

*Il est certain que les conditions religieuses des deux tiers de l'Europe se modifiant, les conditions politiques de cette immense portion de notre monde se modifieraient aussi.*

A ce point de vue, la papauté est l'âme, le souffle, la vie de l'Europe politique actuelle.

Le pape découronné, le pape ne centralisant plus les

doctrines catholiques, le pape n'exerçant plus au Vatican sa censure inoffensive, c'est-à-dire impuissante pour le mal et puissante pour le bien, le pape enchaîné au budget d'une nation quelconque, au moyen d'une liste civile ou d'une subvention, *il faut refaire la carte d'Europe, il n'y a plus au monde une monarchie qui puisse se maintenir pendant vingt ans autrement que par la force, et il faut, pour retrouver un ressort qui puissse perpétuer la vie morale sur notre vieux continent, se rejeter avec furie vers les rêves stupéfiants du communisme, du socialisme et de ce qu'on appelait autrefois les doctrines humanitaires.*

C'est là toute la question romaine.

Qu'on réfléchisse donc aux conséquences de ce dénoûment qu'on appelle une solution, et qui n'est qu'une catastrophe, et qu'on juge ensuite la nouvelle intervention française.

Chacun attend, d'ailleurs, un dénoûment conforme à ses sympathies ou à ses haines, car la bataille de Mentaria n'est pas un dénoûment; aussi les appréciations des journaux sont-elles aussi diverses que les personnes, aussi opposées que les partis.

En cette occurrence, la France, nation catholique, mieux encore, nation foncièrement monarchique et conservatrice, pourrait-elle laisser détruire le *palladium* de sa race, la garantie originelle et subsistante du monarchisme, la force intime de sa constitution naturelle et de sa résistance vitale?

Peut-elle, sous ce prétexte que l'Italie est surexcitée, reculer devant cette surexcitation, et laisser accomplir une œuvre révolutionnaire à Rome d'abord, à Florence ensuite, et plus tard ailleurs ?

Pouvait-elle enfin ne pas agir selon sa vertu, selon sa sagesse, selon son honneur, lorsqu'on violait ouvertement sur une terre voisine la vertu, l'honneur, la sagesse?

Elle ne le peut pas, elle ne le pouvait pas, elle ne le pourra pas; il faudra donc combattre un jour sinon les soldats de Victor-Emmanuel, du moins et trop tôt peut-être, les soldats de la république italienne.

On doit donc se demander quelles sont les forces exactes que représente actuellement l'armée italienne. Voici, sur ce point, une information récente : c'est l'opinion que m'exprimait dernièrement l'un des hommes les plus compétents de l'armée française :

— « L'Italie, épuisée de luttes, de querelles, et sans argent, ne peut aujourd'hui, même en faisant un effort suprême, mettre *effectivement* plus de deux cent mille hommes en ligne de campagne. Elle ne peut les maintenir plus de deux mois sous les drapeaux, sans être dévorée par une crise intérieure mille fois plus terrible qu'une bataille perdue. Voyez quelle était sa situation après Custozza; or, ces deux cent mille hommes seraient d'autant plus impuissants contre nous que la tâche des corps français opérant sur les Alpes; et d'un corps d'occupation à Rome, serait une tâche *strictement* défensive. Nous n'attaquerions même pas les Italiens et nous les vaincrions, et nous consommerions leur ruine en nous bornant à les repousser du sol français et des États de l'Église, car les forces italiennes se désagrégeraient d'elles-mêmes sous l'influence des dissidences intérieures, qui ne manqueraient pas de se produire, et qu'une sage politique réveillerait au besoin ; au bout de quinze jours de marches et de contre-marches secondées par une propagande réactionnaire dans le royaume de Naples, et dans les anciens duchés, nous n'aurions plus devant nous que des Piémontais et des volontaires, et nous forcerions alors les ministres sardes à signer la paix avant que les grandes et graves opérations militaires ne fussent engagées sur le Rhin, en Hollande, en Belgique, dans le Hanovre ou en Orient. »

Cette appréciation de la portée et des effets de la diversion italienne est fondée sur les faits et sur l'observation des lieux, des hommes et des choses.

Les résultats premiers et inévitables de l'agitation révolutionnaire et de la politique française en Italie seront ou une réaction complète et du caractère le plus sombre, ou une révolution italienne plus terrible qu'une révolution française, parce qu'elle serait plus brutale, plus sauvage et accomplie au nom des passions et des fureurs personnelles, au lieu de l'être au nom des idées et de la raison.

Tels sont en somme les dangers qui nous environnent ; tels sont les moyens d'agression dont les politiques prussiens et russes pourront disposer.

Que pourrons-nous leur opposer ? quels seront les moyens de résistance ?

---

## VII

### Les Moyens de résistance.

Ainsi que je l'ai dit plus haut, je considère la nouvelle intervention française en Italie, au sujet des derniers événements de Rome, comme le fait de gouvernement le plus significatif, le plus profond, et certainement le plus logique du règne de Napoléon III, depuis les récentes modifications de l'Allemagne.

Il faut, pour faire œuvre de jugement, user de raison et non de passion.

Et si l'on s'élève par l'esprit au-dessus des sottes préoccupations d'influence intérieure qui, depuis cent ans, causent partout en Europe la ruine des hommes, des partis et des nations, on peut embrasser dès l'abord la portée de cet acte exceptionnel et vraiment politique.

Il n'est pas douteux pour qui a lu et compris les considérations exposées dans les précédents chapitres, que la France ne soit sérieusement menacée dans son avenir, si elle ne prévient et n'empêche les développements d'une nation, l'agrégation d'une race voisine; dans son influence présente, si, même, elle ne modifie pas les conditions d'être et de devenir de cette même nation et de cette même race.

Il n'est pas douteux aussi que le réveil de la question

romaine au moment où la paix provisoire semblait être dans toutes les prévisions et dans tous les désirs, ne prouve l'existence d'une certaine solidarité entre les diverses forces qui nous menacent.

Il n'est pas douteux, — si l'on veut bien admettre en même temps que la papauté est aujourd'hui le centre et la seule garantie des institutions conservatrices en Europe, — que ces institutions ne soient haïes, menacées et mises en péril, puisque le principe de leur existence est attaqué avant que la lutte entre les puissances qui les personnifient, et les puissances qui personnifient un tout autre idéal politique ne soit sérieusement engagée.

Or, la justesse de ces appréciations admise, comment doit-on interpréter la conduite du gouvernement français en cette occurrence?

Le départ d'un seul vaisseau de notre marine et d'une seule division de notre armée pour Civita-Vecchia et pour Rome n'était pas seulement une stérile menace adressée à une nation qui, malgré les défauts de sa constitution, de son gouvernement et de son esprit, nous sera toujours sympathique; ce n'était pas, non plus, une rodomontade facile à mener à bonne fin; ce n'était pas, en un mot, un simple fait d'hostilité contre l'Italie ou contre la révolution elle-même; c'était, avant tout, une mesure de prudence et un avertissement donné à nos ennemis, assez prévoyants pour le comprendre et peut-être pour s'en effrayer.

Nous n'avons pas arboré le drapeau français, sur les

murs de Civita-Vecchia et de Rome, seulement pour rappeler à l'Italie que si elle a l'habitude de violer sa signature, nous avons le devoir de faire respecter la nôtre, pour dire aux révolutionnaires de tout pays que l'ordre social a partout des défenseurs et des gendarmes, moins encore pour protéger le pape et la religion qui au fond sont bien indifférents à l'État, au gouvernement.

Et, si nous n'avions eu à atteindre que ces différents buts, point n'eût été besoin de tant de bruit et de tant de paroles.

Nous n'avions qu'à faire pour la papauté, par esprit de propagande, ce que l'Angleterre et d'autres nations font pour la révolution par esprit de mercantilisme, nous n'avions qu'à ouvrir dans nos casernes des bureaux d'enrôlement pour l'armée papale, qu'à favoriser les émigrations de volontaires, au besoin qu'à commander à nos fournisseurs d'équipements militaires vingt mille costumes de zouaves pontificaux, et à les faire endosser à vingt mille soldats de la ligne; nous n'avions qu'à faire ce que fait l'Italie en un sens tout opposé, et, plus simplement encore, qu'à grossir l'effectif de la légion romaine; Garibaldi et les siens seraient de même, à l'heure où j'écris, l'un rentré dans son île, les autres disséminés dans toute l'Italie.

Au lieu de ces subterfuges, nous sommes allés à Rome, nous y sommes allés en vertu de notre droit strict et dans les termes de notre droit, franchement, les drapeaux levés, les clairons sonnants, les armes prêtes.

Pourquoi ?

Parce que c'était là plutôt une manifestation qu'une expédition que notre gouvernement voulait faire, parce que nos gouvernants ont compris l'urgence de cette manifestation, parce que plus cette manifestation devait être solennelle, éclatante et résolue, plus sa signification devait être sérieuse, évidente, décisive.

Lorsque M. de Moustier négociait avec M. Ratazzi, et le menaçait de l'intervention française, ses menaces s'adressaient, non pas seulement à l'Italie qui s'en indignait, mais à toutes les forces révolutionnaires de l'Europe, que ces forces eussent une organisation militaire et féodale comme la Prusse, autocratique et servile comme la Russie, démocratique et anarchique comme l'Italie. Les paroles du ministre des affaires étrangères de France : *si vous allez à Rome, nous traiterons à Florence*, — paroles qui sont autre chose qu'une bravade hautaine ; — les actes dont ces paroles ont été suivies n'étaient que les commentaires et les résultats de celles qui étaient alors dans le cœur et sur les lèvres de tous les politiques intelligents :

« Il y a en Europe deux grands partis : le parti des conservateurs et le parti des révolutionnaires.

« Le premier aime la paix et l'équilibre : le second la guerre, la conquête et les troubles.

« Les forces révolutionnaires s'agrégent, se lient et se secondent : les forces conservatrices doivent s'unir, s'aider et se défendre.

« Ce principe admis, la France, — nation qui représente et centralise naturellement les forces d'équilibre et de conservation, — doit déclarer qu'elle ne permettra jamais qu'on anéantisse ou que l'on menace une seule des institutions ou des puissances conservatrices et sacrifier, au besoin, ses hommes et ses trésors pour faire respecter son *veto*. En se plaçant ainsi résolûment à la tête de la ligue conservatrice, comme la Prusse et l'Italie se sont, pour des motifs et avec des moyens différents, placées à la tête de la ligue révolutionnaire, elle obéit à la loi de ses traditions, à la logique de sa raison d'être, à la raison de ses destins. »

L'intervention nouvelle prouve simplement que le gouvernement français a compris sa mission.

Il est donc évident que sous peine de déchéance, sous peine d'être dégradée de sa dignité, de son prestige et de sa grandeur, la France a un intérêt incontestable à centraliser en elle tous les moyens de résistance qu'il est possible d'opposer aux ambitions des uns, aux fureurs des autres, aux rêves de trouble, d'agression et de prépondérance de tous, et que l'un des moyens les plus efficaces est de mettre les mobiles moraux en présence des mobiles grossiers et matériels, les convictions et les traditions en présence des fiévreuses chimères et des innovations décevantes, enfin le catholicisme et la fédération en face de la révolution et de l'unitarisme.

— Je n'envisage d'ailleurs ici le catholicisme que comme moyen politique et nullement comme dogme indispensable et providentiellement vrai et surtout immuable : ceci est très-important à remarquer, car je veux dégager en ces matières ma responsabilité et mon libre arbitre. Je parle, en un mot, ici comme politique et non comme philosophe.

Or, en commençant la série des actes de cette politique nouvelle par la défense de la plus vieille institution conservatrice de l'Europe, qui ne voit que la France accomplit l'évolution la plus radicale, la plus habile et la plus salutaire qu'il lui fût donné de choisir ?

En défendant les États de l'Église, elle place ainsi la cause qu'elle défend sous la garantie du *droit absolu* en vertu duquel elle prétend agir ; elle remonte à son principe et dit à la Prusse, à la Russie, à toutes les puissances qui lui sont hostiles :

« Prenez garde, vous touchez, en m'attaquant directement ou indirectement, à l'organisation elle-même de l'Europe. Vous tuez le monarchisme et peut-être aussi l'autorité, en portant la main sur le moindre détail de cette organisation. Vous découronnez tous les fronts des rois, vous décapitez le catholicisme. Si vous faites un pas de plus, vous anéantissez la civilisation actuelle en anéantissant l'ordre politique : vous préparez enfin la modification de l'ordre social. Vous attaquez ainsi la famille telle qu'elle existe dans tous les États chrétiens : et dans cinquante ans l'Europe sera organisée, si vous réussissez, comme l'Asie ou comme l'Amérique. Dans le premier cas, sa population s'affaiblira, décroîtra et s'hébétera ; dans le second cas le sol ne sera pas assez étendu, ni assez fertile ponr suffire aux besoins d'une *société* individuelle et alors.... les guerres civiles d'abord, puis les querelles d'homme à homme, enfin le brigandage et la barbarie, — l'avenir de l'Amérique dans moins d'un siècle. Telle est l'œuvre que vous poursuivez : mais sachez que vous me trouverez au premier plan des combats qu'il faudra livrer à la tête de toutes les forces conservatrices et même réactionnaires, que vous m'y trouverez jusqu'à mon dernier homme et jusqu'à mon dernier écu : Et si le sort des batailles décide que l'Europe doit vivre encore cent ans, je ne pourrai plus modérer les forces que je commande, que je retenais et que je suscite aujourd'hui ; vous connaîtrez les châtiments providentiels des passions funestes, et vous aurez l'anéantissement ou du moins la honte où vous espériez saisir la gloire d'une race et l'exaltation d'une idée contraire; vous reculerez, en un mot, d'un siècle peut-être l'avénement de la paix, de la prospérité et du progrès public dans vos pays. »

Voilà ce que doit signifier réellement l'intervention récente aux yeux de l'Europe tout entière, et certes, on ne peut, à mon sens, lui attribuer un autre sens, une autre valeur.

La politique française est conséquemment désormais plus que tracée. Elle est en pleine voie d'action et de défense; elle n'est point indécise, comme l'affirment les sots ; elle est radicale et redoutable pour les ennemis qu'elle va trouver sur son chemin.

Il est, dès lors, aisé de comprendre quelles seront dorénavant l'attitude et les vues du gouvernement français dans toutes les questions qui peuvent surgir, de prévoir quelles seront ses alliances naturelles, celles qu'en tout cas il devra rechercher, enfin de calculer quels seront les faits qui se produiront et de prédire avec quelque justesse les conséquences et la fin probables de ce conflit général et inévitable. Ceci n'est plus un raisonnement spéculatif et hypothétique, c'est une suite de déductions logiques et rigoureuses.

On ne saurait trop remarquer que la France doit, si elle veut agir, — et les circonstances le lui commandent, — faire avant tout œuvre de défense. Sa vraie politique, à bien considérer son histoire et l'expression naturelle de ses tendances — toutes les fois que ces tendances ont pu se manifester, — n'est simplement qu'une politique de traditions.

Les considérations qui ont été exposées en tête de ce livre prouvent que toute modification, quelque légère qu'elle soit, apportée à la constitution politique d'un point quelconque de l'Europe menace l'influence de la France et, conséquemment, compromet les intérêts français.

Logiquement la France doit être ou devrait être la dernière à sanctionner les changements qui s'opèrent dans les États où elle peut prétendre exercer son action, et se placer toujours sur le terrain des principes, des traités et des expériences faites, jamais sur celui des faits, des anomalies et des théories en cours de réalisation.

Elle a donc, en principe, des droits incontestables et des raisons majeures pour grouper constamment autour d'elle les forces de résistance.

Les droits, elle les tire de son origine, de son intérêt sacré, personnel, inviolable parce qu'il n'est point aggressif : ses raisons, de l'opportunité de ses interventions, de la légitimité de sa défense, de la hauteur et du désintéressement de sa mission.

Dans les circonstances présentes, ces droits s'élèvent encore et se purifient, parce qu'ils deviennent ceux d'un monde et d'une civilisation. Ces raisons prennent un caractère plus impérieux et plus solennel parce qu'elles deviennent des raisons d'ordre et de salut général.

Or, la France étant à la fois une nation *une*, *centrale* et forte, c'est sur elle, et sur elle seule, que doivent s'appuyer les institutions politiques qui sont menacées par des modifications quelconques et dont l'intérêt actuel se trouve ainsi d'accord avec les traditions et les besoins de la politique française.

La mission de la France est donc aujourd'hui patente, et hautement avouée.

Elle doit centraliser en Europe l'action des groupes opprimés, vaincus ou menacés.

Il faut que toute l'Europe le comprenne et le sache.

Il faut dire cela à la face des ennemis et des alliés, le dire aux forts et aux faibles, sans crainte et sans forfanterie, avec un calme et beau courage.

Et l'Europe entière le comprendra.

Il est vrai, sans doute, que les difficultés qu'aura la France à faire triompher sa politique, si elle est forcée de la soutenir, les armes à la main, seront d'autant plus graves que dans l'hypothèse d'une conflagration générale que nous évoquons ici tout en la poursuivant de nos regrets et de notre horreur, les efforts de nos armées devront nécessairement se porter sur plusieurs points de l'Europe, et partout où les nécessités de la défense ou les facilités de l'attaque les dirigeront au moment des catastrophes, — partout où les diversions se produiront.

Cependant trois points principaux, correspondant chacun à un ensemble de faits politiques, attireront principalement nos forces et nos attentions : l'Allemagne, l'Italie et l'Orient.

Et il me paraît évident, que dans les circonstances actuelles, et en tenant compte de l'excellente position stratégique qui nous est assurée en Italie et dans la Méditerranée par le maintien d'un pouvoir ami à Rome et à Civita-Vecchia, *la France peut, même sans alliés, tenir tête avec les plus grandes chances de succès, et aussi longtemps que l'exigeront les événements à toutes les forces que l'on pourra lui opposer sur deux de ces points, l'Allemagne et l'Italie.*

En effet, d'après les évaluations les plus modérées des hommes spéciaux, l'effectif *réel* de l'armée française peut être porté sans effort et sans faire un appel trop pressant aux enrôlements volontaires à *sept cent cinquante mille hommes.*

Une armée de cette importance, — mieux équipée, mieux entretenue et plus aguerrie, du reste, que les meilleures troupes de l'Europe, — peut certainement être maintenue en présence de l'ennemi aussi longtemps que l'exigeraient les nécessités d'une campagne, en imposant, évidemment, au pays des sacrifices extraordinaires, mais sans que ces sacrifices eussent rien d'irréparable, sans que la vie nationale se trouvât ralentie un seul instant; en un mot, sans que l'avenir fût compromis ou engagé plus sérieusement qu'il ne le fut par les guerres de 1854 et de 1859.

D'ailleurs, *ces sept cinquante mille hommes* ne représenteraient pas, — on le comprend, — la ressource extrême du pays, et un cas désespéré, un revers, un affront plus sanglant que les autres, feraient sortir de nos campagnes plus d'un million d'hommes libres et patriotes, armés d'eux-mêmes pour la défense commune, et nourris non plus par l'État mais par la Nation.

Or, *cent cinquante mille hommes* et nos croisières ruineraient l'Italie en quelques jours, *cent mille hommes* et une escadre cuirassée aussi formidable que celle dont nous disposons frapperaient au cœur l'Empire naissant de l'Allemagne du Nord, en opérant sur les côtes du Hanovre et plus loin, s'il y avait lieu, et *cinq cent mille hommes* passeraient ou défendraient le Rhin ou la Moselle.

Une telle armée ne suffirait-elle point pour vaincre, et ne briserait-elle pas toutes les résistances?

Que peuvent donc nous opposer nos ennemis?

L'Italie, une armée peu nombreuse et désorganisée avant de combattre, une marine éprouvée... par la défaite.

La Prusse, quelques navires qu'un premier choc suffirait pour anéantir et une armée formidable, il est vrai, enivrée par un triomphe que l'on a réduit depuis, avec raison, aux proportions d'une aventure, mais que son organisation elle-même affaiblit, et qu'une campagne de temporisation, continuée pendant trois mois, démoraliserait complétement.

Si la Prusse était obligée de soutenir une guerre aussi longue que celle que la Russie soutint en 1854, où trouverait-elle, au bout de six mois, des moyens de résistance ?

Son agriculture et son industrie n'existant plus de fait, pendant toute la durée de la guerre, ses finances seraient ruinées pour vingt ans, avant qu'elle pût entrevoir l'issue de la lutte.

Ses réserves, composées de citoyens paisibles et peu aguerris, pourraient-elles prêter un concours efficace à son armée active, et la renouveler au besoin?

On objectera la probabilité d'une intervention russe.

Mais, alors, ne nous bornerions-nous pas à faire une guerre strictement défensive, et quelle est la coalition qui saurait nous vaincre sur notre sol?

N'avons-nous pas résisté pendant vingt-deux ans à

toutes les forces européennes et les circonstances sont-elles les mêmes qu'en 1813 ou en 1789 ?

N'aurions-nous pas des alliés en Europe, et ne pourrait-il se produire en notre faveur des diversions puissantes et décisives ?

Et, d'abord, une alliance de la Prusse, de la Russie, de l'Amérique et de l'Angleterre, n'est nullement dans les prévisions possibles, parce qu'elle serait sans but, parce qu'elle serait surtout directement opposée à l'intérêt anglais.

L'Angleterre pourrait tout au plus observer la neutralité dans le conflit qui se prépare, mais elle ne pourrait l'observer, comme on le verra, qu'au prix du coûteux abandon de la prépondérance paisible qu'elle exerce dans le Levant.

Quant à l'Autriche et à l'Allemagne du Sud, quels sont leurs intérêts et quelle peut être leur action ?

Dans l'hypothèse d'une conflagration, un seul des points menacés par les ambitions russo-prussiennes devait être abandonné par nous, mais ne pourrions-nous pas suivre en Orient, dans le cas où nous devrions affronter seuls les dangers de cette lutte terrible, une politique qui dégagerait notre responsabilité, et modifierait les conditions de la guerre ?

Enfin, ne trouverions-nous pas aussi des alliés, et ne ferions-nous point naître des diversions ?

Telles sont les questions auxquelles je dois encore répondre avant de conclure.

## VIII

### L'Avenir de l'Autriche.

L'histoire de la formation et du maintien de la puissance autrichienne est peut être la confirmation la plus éclatante des principes et des lois qui président au développement et à la constitution des peuples.

L'Autriche est, historiquement, l'expression la plus complète du génie politique et social des populations allemandes, — génie essentiellement local et fédératif. Son organisation, les mœurs et l'esprit général de ses habitants, sont en harmonie parfaite avec les besoins généraux des races qu'elle représente ; ce qui le prouve, c'est que, dans tous les États de l'Europe, c'est peut-être celui dont la foi monarchique a été le moins ébranlée, même aux heures où princes et rois tremblaient pour leur couronne et pour leur vie, menacées par les premiers efforts de la liberté naissante.

La théorie à laquelle se rallie l'auteur de ce livre, et qui consiste à envisager la nécessité d'un dualisme puissant en Allemagne comme la condition première de la paix et de la prospérité de l'Europe, est elle-même justifiée d'une façon merveilleuse par l'histoire de la grandeur et de la décadence de l'Autriche.

Même avant l'établissement et l'extension du royaume

de Prusse, ce dualisme existait évidemment en Allemagne à l'état latent, car l'influence danoise ou scandinave se faisait toujours sentir dans les pays allemands du Nord, et de concert avec les souverainetés locales, rendait l'exercice de la domination impériale extrêmement difficile.

Si cet éloignement des populations septentrionales pour les institutions et les formes de gouvernement, qui régissaient les populations méridionales, n'avait pas été un fait intime et latent, comment pourrait-on expliquer et comprendre, d'abord, la formation de la monarchie prussienne, son accroissement si rapide et si prodigieux; enfin, la spontanéité de son influence, qui en quelques années contre-balance et neutralise, avec une hostilité flagrante, les efforts de la politique de la cour de Vienne ?

Et lorsque le royaume de Prusse eut conquis une indépendance absolue, une vie nationale propre et distincte, lorsque la puissance prussienne fut parfaitement établie et universellement reconnue, en un mot, quand le dualisme, — cette constitution naturelle des peuples allemands — eut façonné les institutions et modifié les mœurs dans le sens des besoins divers des deux groupes que chaque grande puissance représentait, les résultats de la potitique autrichienne prirent une fixité qui étonne et force les observateurs à reconnaître une loi constante et immuable et qui porte en elle un haut enseignement.

Toutes les fois que la cour de Vienne tendit à exercer son action vers le Sud, — c'est-à-dire, soit dans les pays allemands de race gallo-latine et de religion catholique, soit dans les pays slaves, soit même dans les pays italiens,

— ses entreprises furent, presque constamment, couronnées d'un succès final, et elle grandit de tout l'accroissement de sa force, de son prestige et de sa domination.

Mais, quand la cour de Vienne tendit à faire rayonner son influence vers le Nord, soit dans les pays allemands de race saxonne et de religion luthérienne, soit dans les provinces polonaises, soit enfin dans les pays soumis à la domination russe, ses revers n'égalèrent que sa faiblesse, et son amoindrissement que sa prompte résignation à son rôle et à sa mission véritables.

La seule conclusion que l'on puisse tirer de cette observation historique et de l'existence elle-même de l'Autriche, c'est qu'il faut qu'une telle nation soit utile et, bien plus, indispensable à l'organisme actuel de l'Europe, pour que ses malheurs et ses fautes, aussi mémorables les uns que les autres, n'aient pu consommer sa ruine et provoquer son anéantissement.

Cependant l'Autriche meurtrie, brisée deux fois en huit ans par la France et par la Prusse, c'est-à-dire par les deux plus formidales puissances militaires de l'Europe, l'Autriche, que les politiques à courte vue et les vieilles têtes du libéralisme proposaient sottement, en 1859, de rayer de la carte d'Europe, l'Autriche, dont les désastres ne paraissaient pas assez complets, l'année dernière, aux organes nationalistes qui prétendaient que les plaines de Sadowa devaient être le tombeau du Saint-Empire romain, est destinée, par sa force militaire, à donner la victoire à l'un des deux éléments qui se combattent sur le vieux continent, à prendre dans l'organisation future du monde occidental une place plus large que celle qu'elle y occupe, à jeter enfin son épée et sa vigueur morale dans la balance de nos destins.

L'existence de l'Autriche, considérée soit comme peuple, soit comme contre-poids politique est, aux yeux des hommes de raison, de science et de réflexion, un fait d'une signification péremptoire, d'une portée immense et presque merveilleuse.

Qu'est-ce en effet que l'Autriche ?

Un État à la fois un et multiple, c'est-à-dire une fédération fondée sur les besoins, les intérêts et les traditions de certaines provinces et régie par des institutions essentiellement monarchiques.

L'organisation autrichienne, lorsqu'elle n'est point faussée, dans son esprit et dans ses résultats, par des ministres maladroits ou passionnés, comme elle l'est, du reste, trop souvent, doit répondre à toutes les nécessités des peuples dont elle centralise l'existence : et, à un certain point de vue, on peut affirmer qu'elle est parfaite.

Ce développement de la vie locale des provinces réunies entre elles par un lien indissoluble et nécessaire, cette expansion naturelle et libre de toutes les forces particulières du pays se groupant autour d'un gouvernement commun, sous l'influence des lois d'affinité et d'attraction, devraient produire une condensation puissante de toute l'action sociale et réaliser certainement un idéal monarchique aussi honnête, aussi complet, aussi pur, aussi fécond que tous ceux qu'on peut aujourd'hui rêver en adoptant la base d'un pouvoir centralisateur.

Ainsi la prospérité certaine de l'Autriche réformée, mais non révolutionnée, est un exemple décisif que l'on pourra dans l'avenir invoquer pour combattre la théorie des nationalités, la théorie des agrégations et la théorie de l'unification universelle.

La constitution de l'Autriche est enfin un démenti vivant et perpétuel infligé à toutes les assertions contradictoires, à toutes les doctrines réformatrices dont on voudrait faire le *criterium* du droit moderne, lequel est évidemment à créer, mais dans un sens absolument opposé à ces affirmations.

Peuples sérieux, sévères et qui ne manquent nullement de grâce, peuples nourris d'idées simples et saines, peuples paisibles, mais forts, peuples agrégés et comparativement plus virils que ceux qui les ont récemment vaincus, peuples dont le ressort moral n'est point usé et qui suivent avec une hauteur calme le sentier de leurs destinées progressives, les peuples autrichiens par la franche droiture de leurs aspirations, par la noblesse résignée de leur courage, par leur entier dévouement au salut de leur patrie, ont donné récemment à l'Europe l'un de ces exemples austères que les nations se transmettent quand les générations qui les ont donnés sont malheureusement anéanties.

C'est pourquoi le mouvement qui entraîne aujourd'hui l'Europe vers la lutte suprême qui doit décider de son avenir, dirige son action conservatrice dans le sens des institutions de l'Autriche et sur le plan de ses destinées.

C'est aussi pourquoi l'Autriche a été attaquée avec une telle fureur par tous les organes de la ligue unitariste qui paraissent s'arrêter aujourd'hui comme épouvantés de leur œuvre elle-même. L'Autriche catholique, l'Autriche monarchique par esprit national, par traditions politiques, par situation et surtout par nécessité d'existence, inspirait aux hommes qu'avait séduits l'idée de l'unification des races, — idée subversive et non *révolutionnaire* dans le sens intime et profond de ce mot, en ce qu'elle ne touche nullement aux formes de gouvernement intérieur, — un éloignement qui allait jusqu'à la haine, un sentiment de réprobation qui allait jusqu'à l'injustice.

Et, maintenant que les faits ont parlé, maintenant que le triomphe partiel de leurs idées nécessite pour l'Europe une guerre où cinq cent mille hommes doivent périr, maintenant qu'ils voient se dresser devant eux l'avenir chargé d'horreur et de menaces, maintenant qu'ils sont convaincus, qu'en fait, la généralisation de l'unitarisme n'avancerait pas d'un seul jour l'avénement de la liberté snr notre continent, que pensent ces politiques du rôle futur de l'Autriche ?

Que penseraient-ils de nos destins, si la monarchie autrichienne, forte de quarante millions d'habitants, n'était pas placée comme un coin au milieu des nations germaines et slaves et entre la féodalité prussienne, l'anarchie turque, roumaine et serbe, et l'autocratie russe ?

Comment envisageraient-ils de sang-froid la constitution future de la basse Europe si, à la place de l'empire autrichien, centralisant l'être des populations du sud-est, il n'y avait plus que deux annexes de la Prusse et de la Russie, l'une prenant la Bohême, l'autre prenant la Gallicie et deux royaumes indépendants ou deux républiques de Hongrie et de Croatie ?

Quelle serait alors la part réservée aux nations du sud-ouest dans la distribution nouvelle des influences politiques, — ces nations étant privées du contre-poids qui les aidait à rétablir l'équilibre ?

C'est là, du reste, le seul mot qui puisse caractériser exactement la situation de l'Autriche, c'est une puissance d'équilibre et de contre-poids.

Aujourd'hui, lassé des expériences et des aventures où l'avait entraîné, depuis vingt ans, le parti pris ou l'impéritie de ses ministres, le gouvernement autrichien, — gouvernement fort, mais gouvernement parlementaire, puisqu'il tient évidemment compte des besoins et des vœux de la nation, — tend à relier étroitement le faisceau fédératif qui unit ses provinces et en forme un tout compacte.

C'est le seul mouvement intérieur, la seule évolution que doive opérer l'Autriche, parce que c'est précisément la seule chose qui chez elle soit en question, et que nobles et bourgeois, provinces et villes, peuples et empereur, sont d'accord sur le but à poursuivre, et ne sont en divergence et en hostilité que sur les moyens à employer.

Que doit donc faire l'Autriche pour réorganiser ses forces, pour reconquérir son prestige, et pour restaurer ses finances ?

Ce que fit la monarchie française pendant toute la durée de sa formation : laisser développer librement la nation dans ses franchises et dans le sens original de ses constitutions locales, donner une impulsion nouvelle à l'expansion du mouvement producteur de quelque nature qu'il soit, et laisser emporter les peuples unis sous un même gouvernement vers la diversité de l'action exécutive en favorisant la décentralisation en matière d'administration intérieure, et la centralisation en matière de politique étrangère.

*Que les peuples soient aussi peu gouvernés, mais aussi puissamment, aussi fermement, aussi complétement représentés que l'exigent leurs intérêts, tels sont les faits et les idées économiques dont la réalisation est le plus désirable.* Telles sont les idées que l'Autriche doit chercher à transporter du domaine des théories sociales dans le domaine des réalités gouvernementales.

Cette œuvre est grande et s'accomplit.

Or, en ces occurrences suprêmes où le passé nous a conduits, quelle est l'attitude, quelle est la résolution extrêmes que la logique, le soin de sa dignité, le souci de ses intérêts, les besoins de son influence commanderont à l'Autriche ?

Il n'est pas douteux que le pays dont j'étudie en ce moment les évolutions probables ne se trouve actuellement dans un état d'abaissement relatif et d'impuissance particulière qui contraste singulièrement avec sa force et sa grandeur réelles.

Cet état peut-il se perpétuer ou seulement se maintenir ? Un homme de raison ne doit pas hésiter à répondre : *non !*

Lorsqu'une nation a été réduite par les hasards d'une guerre à une extrémité humiliante sans être cependant asservie ou diminuée, sans être même entamée au point de vue territorial, si cette nation compte quarante millions d'âmes, si cette nation est organisée, si cette nation a un gouvernement quel qu'il soit ; si elle a, en un mot, en elle une âme qui remplisse du même souffle les cœurs de tous ses hommes libres et valides, il n'y a qu'un fou qui puisse penser que cette nation ne se relèvera pas plus forte et plus éprouvée, et qu'elle ne tendra pas tout entière à reconquérir son droit, sa grandeur, sa vraie place et sa raison d'être.

Elle ne pourrait, d'ailleurs, y renoncer sans commettre un suicide.

Dès lors, qu'on le sache bien, l'Autriche se relèvera : elle se relèvera puissante, armée, fiévreuse de vengeance et de haine, et, malgré le traité de Prague, violé d'ailleurs et depuis longtemps dans son esprit et dans sa teneur, malgré les notes diplomatiques, malgré une armée de cinq cent mille hommes, elle reviendra sur l'Allemagne parce qu'elle a une mission en Allemagne.

Et si elle est battue, elle reculera, mais ce sera partie remise.

Et croit-on, par hasard, qu'en Autriche, en Allemagne, en Prusse, en France, partout en Europe enfin où se trouve un homme d'un esprit ferme et d'un sens droit, les uns l'ignorent, les autres le cachent ?

Non ! M. de Bismark le savait fort bien, le savait si bien que, immédiatement après la signature des préliminaires de Nikolsburg, sur la base de l'exclusion de l'Autriche, il se mettait en garde contre la violation de cette clause première du traité, — l'exclusion, — en faisant conclure sous la pression de la peur et des contributions de guerre, au milieu du prestige et de la menace d'une armée enivrée par la victoire, les conventions militaires avec les États du Sud. — Or, ces conventions peuvent-elles être interprétées autrement que comme une réserve contre l'Autriche, qui devait, par le seul fait de son ingérence dans une affaire allemande, — ingérence qu'on prévoyait comme nécessaire et fatale, — se trouver hors la loi, hors du droit allemand, absolument comme la Prusse en 1866?

M. de Beust le sait aussi ; que signifierait, dans une autre hypothèse, son duel diplomatique avec M. de Bismark ?

François-Joseph l'a dit tout haut, hier encore, en rentrant à Vienne.

Napoléon III le prévoit, on ne saurait en douter.

L'Italie l'attend et l'Angleterre le redoute.

Ainsi, sur ce point, il ne peut exister l'ombre d'un malentendu. L'Autriche doit faire de nouveau partie de la fédération allemande, elle doit rentrer dans cette fédération où elle a une mission, un intérêt, une raison d'être, et conséquemment un droit. Mais comment peut-elle et doit-elle y rentrer?

La dissolution de la Confédération germanique, telle qu'elle existait avant les événements de 1866, n'atteindrait pas aussi profondément qu'on pourrait le supposer dès l'abord les conditions de l'équilibre européen, pourvu que le maintien en Allemagne du dualisme, dont on peut prévoir les résultats féconds, vînt rétablir, même avec quelques inégalités de détail, la division logique et pondératrice des forces européennes.

La doctrine qui prévalut au congrès de Vienne touchant la nécessité des petits États n'est évidemment pas absolue, et, bien que l'on puisse examiner philosophiquement si les principes qui amenèrent l'organisation de 1815 ne sont plus rationnels et plus sages que ceux qui prévalent aujourd'hui, en réalité les conditions morales et matérielles des peuples s'étant modifiées considérablement depuis cette époque, les relations internationales n'étant plus les mêmes : enfin, les faits accomplis devant, malgré tout, en politique, être pris en considération sérieuse, il ne paraît pas dangereux de laisser le Nord de l'Allemagne s'unifier complétement sous la discipline prussienne, et d'abandonner au besoin d'une façon définitive l'indépendance du Hanovre et de la Saxe, s'il était permis à l'Autriche d'entrer dans la Confédération du Sud, et de lui donner ainsi la force sinon d'attaquer la Confédération du Nord, du moins de lui résister et de la contenir.

Au point de vue exclusif de l'intérêt français, une telle solution serait certes regrettable, puisqu'elle poserait en principe et sanctionnerait l'abandon du droit du plus faible au profit de l'oppression du plus fort en ce qui concerne les petits États annexés, puisque, — chose plus grave, — elle ne maintiendrait pas une division qui favorise notre influence au sein de la nation qui nous est hostile, mais l'on devrait et l'on pourrait l'accepter si les circonstances ne laissaient pas entrevoir la possibilité d'un dénoûment plus favorable.

Le groupe des États du Sud est évidemment à la fois trop faible et trop divisé pour subsister longtemps par lui-même sans chercher d'un côté ou de l'autre un appui extérieur.

Au point de vue du droit actuel, le mouvement de ces États vers la Prusse, — mouvement plein de réticences et d'angoisses, mouvement accompli en dépit des sentiments intimes des peuples qui le subissent, — n'est autre chose qu'une fatalité de situation, habilement exploitée par la Prusse.

L'Autriche étant hors la loi, l'Autriche n'existant plus comme nation allemande en vertu d'un traité imposé par une puissance disposant d'une armée de sept cent mille hommes, les États du Sud ne peuvent compter sur son appui qu'ils imploraient autrefois, et, pour n'être pas écrasés à la première manifestation d'indépendance, doivent se ranger du côté du vainqueur, accepter ses idées, revêtir son organisation, subir, en un mot, son joug.

Ne pouvant faire respecter leur droit, ils veulent au moins se placer dans la légalité du droit des autres, et provisoirement invoquer contre l'oppression prussienne le bénéfice des lois prussiennes.

C'est pour cela qu'ils préfèrent l'annexion à la situation précaire qui leur est faite, et on le comprend sans peine.

Leur sort dépend, non pas d'eux-mêmes, mais des circonstances qui les entourent.

Ce sont les États du Sud de l'Allemagne qui, dans l'organisation actuelle de l'Europe, auraient le plus à souffrir d'un conflit quelconque entre deux grandes puissances, et, comme leur neutralité n'est nullement admissible, puisqu'il s'agirait d'eux-mêmes ou de leur territoire, et, d'ailleurs, ne serait pas respectée, étant forcés de s'abriter pour quelque temps sous un drapeau, le drapeau victorieux de la Prusse est le seul qu'ils aient à choisir.

Il n'y a donc pas lieu de tenir compte des manifestations unitaires dans le Sud de l'Allemagne, — manifestations du reste purement factices et momentanées, et dont la Prusse a intérêt à exagérer l'importance. Mais on doit juger quelle serait l'action de l'Autriche placée non plus à la tête, mais à la suite de ces États.

Cette action ne pourrait être qu'une action modératrice, qu'une sanction apportée au droit général de l'Allemagne.

Ainsi, le dualisme serait reconstitué de la façon la plus simple, la plus naturelle, et sur les bases les plus rationnelles.

La Confédération du Nord ne pourrait attaquer, opprimer ou envahir la Confédération du Sud, parce que les forces autrichiennes viendraient, en ces circonstances, grossir les forces bavaroises, wurtembergeoises, hessoises et riveraines du Rhin, et la Confédération du Sud ne pourrait non plus songer à tenter une entreprise quelconque contre la Confédération du Nord, parce que l'aide de l'Autriche dont les intérêts ne seraient alors nullement engagés, l'aide de l'Autriche fédérative, c'est-à-dire l'aide de la Hongrie, de la Croatie, de la Gallicie, qui ne prêteraient leur concours que dans le cas où l'intégrité de l'Empire serait menacée, devrait lui faire défaut pour une attaque aussi inutile.

Quel est aujourd'hui l'homme d'État autrichien qui, par ambition ou faux patriotisme, voudrait entraîner son pays dans une guerre à chances égales, pour seconder une entreprise, d'ailleurs hypothétique et improbable, de la Bavière et du Wurtermberg contre l'Allemagne du Nord?

Donc, l'Autriche rentrant librement dans la Confédération du Sud, c'est l'ambition de la Prusse refrénée, la fin de l'ère de troubles que traversent les pays d'outre-Rhin ; en un mot, la paix en Allemagne, et la paix en Allemagne, c'est, comme l'histoire le prouve et comme le prouve aussi cette étude de la politique actuelle, la paix dans toute l'Europe.

Le but et la mission de l'Autriche en Allemagne sont conséquemment bien simples et bien définis : *revendiquer et reconquérir le droit inaltérable et indiscutable d'être une nation allemande.* Cela lui suffit et doit lui suffire.

Tout ce qui n'atteint pas ou dépasse cette solution est contre son intérêt.

Espérer reprendre en Allemagne la position prépondérante qu'elle a perdue et qu'elle devait perdre, serait une aberration : y réussir serait un malheur.

Il est évident que c'est là pour elle une pure question de liberté.

L'Autriche est enchaînée par le traîté de Prague, mais ce traité étant nul en droit, parce qu'il opprime les populations allemandes de l'Autriche, séparées par lui de leur famille et de leur race ; en fait, puisqu'il a été violé par les mains elles-mêmes qui l'ont écrit, l'Autriche doit briser cette chaîne à la première occasion propice, reprendre sa place et la disputer.

Elle doit, en un mot, se renfermer strictement dans les limites de son intérêt.

Son intérêt lui commande de la façon la plus impérieuse d'être l'agent actif et nécessaire de la reconstitution des deux groupes en Allemagne, elle doit poursuivre ce but avec une persévérance et une ténacité à toute épreuve.

Quant aux moyens qui lui sont offerts pour réaliser cet objectif, ils sont multiples et peuvent être mis simultanément en œuvre.

Elle doit seconder, de toute la puissance que lui donnent son passé, ses relations diplomatiques et la conscience de son avenir prochain, les diversions et les résistances qui se produisent ou se produiront dans le Sud de l'Allemagne, susciter au besoin une réaction libérale qui rendrait, pour les pays situés en-deçà du Mein, la domination prussienne plus odieuse, plus pesante et plus illogique ; elle doit, enfin, s'assurer des alliances pour que les premières catastrophes la trouvassent debout, armée, redoutable et prête à profiter des événements.

Or, son intérêt étant le même que l'intérêt de la Basse-Europe, dont la cause doit être prise en main et défendue par la France avec le courage que communique le sentiment d'un danger mortel, *l'alliance française est pour l'Autriche une absolue nécessité.*

Tout porte à croire que l'Autriche n'a négligé et ne néglige aucun de ces moyens.

Conséquemment, que trouveront devant elles la Prusse franchissant le Mein, la Russie franchissant le Pruth ?

Elles trouveront la France et l'Autriche unies par la plus indissoluble des alliances, — une alliance fondée sur le droit de vivre et sur le danger de mourir, — et disposant, à elles deux, de marines formidables et de plusieurs armées formant un effectif d'environ douze cent mille hommes.

Dans ces conditions, la lutte est possible sur le Rhin, en Italie, dans le Hanovre, sur le Mein, sur le Danube, en Orient, partout, et son issue probable ne saurait épouvanter une âme française.

---

# IX

## L'Allemagne du Sud.

La signification géographique et ethnographique des États de l'Allemagne du Sud a une importance capitale, et l'on ne saurait nier que leurs destinées politiques n'influent considérablement sur l'organisation de l'occident de l'Europe.

Les populations qui sont groupées dans le grand quadrilatère compris entre le Rhin, les montagnes de Hongrie, le Mein et les premiers versants de la Suisse ont servi d'enjeu perpétuel à toutes les sanglantes parties qui se sont jouées en Allemagne depuis le moyen âge jusqu'à Napoléon et jusqu'au roi Guillaume de Prusse.

Il est impossible de parcourir une période historique de quelque importance sans être frappé de ce fait.

C'est toujours le sort de ces populations qui s'agite, lorsque le moindre mouvement modifie la distribution provisoire des forces qui composent l'élément germain, et, quand ces mouvements engendrent des conflits entre les intéressés, toute l'Europe se trouve fatalement bouleversée par les troubles qui se produisent.

C'est là une vérité éclatante, irrécusable, et si l'on est doué de quelque bon sens et de quelque intelligence historique, peut-on nier l'intérêt qui s'attache pour les hommes amoureux de paix et de progrès, soucieux de stabilité et de concorde, aux modifications de cette partie de l'Europe ?

Il faut repousser d'une manière absolue la solidarité qui lie toutes les nations entre elles, — et les événements qui se sont produits partout depuis tantôt un siècle n'ont d'autre morale et d'autre sanction que cette solidarité, — ou admettre la nécessité d'un équilibre européen.

Or, la pierre angulaire, la première base de cet équilibre est une constitution ferme et presque inattaquable donnée aux peuples qui habitent le point central de l'étendue de pays qu'il s'agit d'organiser. Il importe même que cette constitution soit l'expression à peu près exacte des principes qui président à cette organisation, et que l'on doit appliquer, afin que les modifications de détail que le temps ne cesse d'apporter à toutes les œuvres humaines n'attaquent ce point central, que lorsque les bouleversements les plus radicaux ont rendu nécessaire une transformation complète.

Dans le cas spécial qui est en question, deux observations, tirées de la nature elle-même des choses, doivent être formulées et prises en considération.

D'abord les populations du sud et du centre de l'Allemagne, placées entre les trois puissances les plus agressives du monde entier, — la Prusse, l'Autriche et la France, — et formant ainsi le cœur du monde occidental, paraissent vouées, par leur position elle-même, à assouvir les ambitions toujours renaissantes et les convoitises toujours vivaces de ces trois puissances. Moins heureuse que la Suisse ou les Pays-Bas, qui, d'ailleurs, ne séparent que deux grands États, et dont même un seul côté est sérieusement exposé, elles ne peuvent faire garantir leur indépendance et leur neutralité par les grandes nations qui les entourent de toute part, puisque c'est justement leur empire qu'on se dispute et cette indépendance que la France voudrait régulariser, la Prusse anéantir et l'Autriche subordonner à son organisation intérieure.

De là, la nécessité d'une fédération.

Enfin, comme il est indiscutable que le principe de gouvernement intérieur, universellement appliqué et adopté en Europe, est le monarchisme, on ne peut, — si l'on veut bien comprendre et adopter les théories formulées plus haut, — songer à organiser les États du sud de l'Allemagne qu'à un point de vue monarchique : d'ailleurs, les populations sont en cela d'accord avec les puissances, et ainsi l'intérêt général et l'intérêt particulier se concilient et se complètent.

Les formes fédératives et monarchiques apparaissent donc comme les nécessités immédiates de l'organisme du sud de l'Allemagne : mais, une inégalité flagrante de forces et d'étendue les mettant à la merci d'une agression quelconque, il paraît encore plus nécessaire d'assurer leur tranquillité en leur donnant un appui naturel, — toujours prêt à les renforcer et à leur apporter un secours décisif pour la défense, impuissant à les servir pour l'attaque. On a vu comment l'Autriche était merveilleusement préparée pour ce rôle et comment elle aspire à le remplir. Tels sont les intérêts évidents de ces peuples et de l'Europe entière.

Dans les circonstances présentes la situation politique, morale et intellectuelle des États de l'Allemagne du Sud présente le spectacle le plus étrange, le plus douloureux et le plus menaçant.

Ces États violés dans leur droit, violés dans leurs sympathies évidentes, violés dans leurs intérêts matériels, violés dans l'intégrité de leur existence propre, sont agités, à la fois, par l'incertitude de leur sort définitif, par leurs aspirations vagues, indéfinies et contradictoires vers une stabilité quelconque, vers un organisme puissant et nouveau, par l'horreur des guerres terribles dont ils voient la nécessité et qu'ils ne peuvent que subir, par les intrigues qui les entourent, enfin, par toutes les épouvantes, tous les regrets, toutes les haines que le caprice des événements leur fait concevoir.

Le mouvement qui les emporte et dont mieux qu'aucune autre nation du monde ils apprécient la portée et la direction, est un mouvement parfaitement simple et qui a ses analogies avec des situations antérieures.

Ils en voient l'issue probable si aucune cause étrangère n'en vient détourner le cours, et comme ils sentent vaguement que s'ils vont jusqu'au bout, s'ils s'unissent à la Prusse, ils ne trouveront qu'un repos provisoire qui ne fera que reculer et rendre plus inévitables, plus terribles, plus difficiles les catastrophes prochaines ; comme ils ont l'instinct de leur mission réelle et savent, d'ailleurs, qu'ils n'ont connu les bienfaits de la paix que lorsqu'ils ont été organisés en dehors d'une unité ou d'une incorporation quelconque, ils usent leurs forces vives et leur génie dans la poursuite des conceptions inutiles ou chimériques, ou s'abîment dans les découragements et les désespoirs.

Les manifestations de leurs pensées, les actes les plus graves de leur gouvernement et de leur politique sont l'image d'un désordre fiévreux et impuissant.

C'est une véritable anarchie intellectuelle qui règne dans toute l'Allemagne du Sud et anéantit tout germe de production, de conception et de fécondité.

Les idées les plus contradictoires, les plus illogiques, les plus dénuées de sens pratique se croisent, se heurtent, se combattent et passionnent également les foules.

Peuples, gouvernements, assemblées collectives, réunions internationales, universités, congrès de savants, journaux, livres et discours manifestent les sentiments les plus incohérents et les plus opposés, les craintes les plus folles, les angoisses les plus déplorables.

La presse d'outre-Rhin reflète surtout cette disposition générale des esprits et des consciences.

On n'a qu'à ouvrir deux gazettes de Munich ou de Stuttgard, de Cassel ou de Carlsruhe pour acquérir cette conviction ferme et navrante.

Tantôt on ne voit de salut que dans l'annexion à la

Prusse, et on la demande avec impatience, on l'implore comme une grâce; tantôt on repousse bien loin l'idée de cette réunion, et la Prusse qui a créé cet état de choses, la Prusse qui a bouleversé l'ordre préexistant, la Prusse qui a d'une main fratricide fait couler à flots le sang allemand, la Prusse absolutiste, ambitieuse, la Prusse perpétuel agent des guerres civiles, est maudite, exécrée et repoussée.

Tantôt on conjure les Chambres des divers États du Sud de formuler des vœux pour obtenir librement accès dans la Confédération du Nord, et les Chambres applaudissent ; tantôt un ministère repousse un traité léonin dicté par la Prusse, et personne ne veut plus de Zollverein, plus d'union douanière, et l'on applaudit encore.

Mais, au fond, croit-on que les Allemands du Sud n'acceptassent point l'indépendance, si on leur offrait une indépendance réelle, possible?

Croit-on que l'esprit public soit façonné en Bavière, en Wurtemberg et dans la Hesse pour subir la domination prussienne qui s'exerce avec une si orgueilleuse insolence?

Croit-on que ces populations, qui sont peut-être les plus instruites et les plus morales de l'Europe, ne comprennent pas qu'*elles sont pour la Prusse une matière exploitable*, soit au point de vue matériel, soit au point de vue politique?

Croit-on que le sentiment de leur dignité et la conscience de leur libre arbitre soient en elles complétement émoussés?

Croit-on enfin que, dans ces divers pays, les esprits éclairés et le peuple lui-même soient dupes des manœuvres unitaires qui présentent la France comme une ennemie terrible par sa puissance et par ses convoitises, et ne sachent pas qu'ils n'ont rien à craindre de nous, qu'une incorporation nous serait impossible et que nous ne demandons qu'à les voir paisibles et gouvernés selon leurs intérêts qui sont aussi les nôtres ?

Le vieil esprit universitaire prussien, cet esprit qui a déjà causé la mort de deux millions d'hommes, et qui sera sans doute bien plus funeste encore, n'est nullement répandu dans les classes moyennes et dans le peuple du Sud, comme il l'est universellement dans le Nord.

Seuls, quelques hommes d'État aussi dénués de bon sens que de mérite en sont imbus et le représentent ; mais la plupart agissent plutôt par ambition personnelle que par conviction raisonnée. Cette vénalité, ce servilisme avide, qui malheureusement ont été de tout temps les défauts de certaines classes allemandes, les poussent à se dévouer à une œuvre opposée aux intérêts de leur patrie, parce qu'ils espèrent satisfaire ainsi leurs visées mesquines et, dans ce bouleversement qu'ils préparent, assouvir leur désir d'honneur, d'argent et d'influence factice.

L'Allemagne du Sud peut-elle subir plus longtemps une situation aussi anormale ? Non ! Elle ne peut la subir et l'Europe ne saurait la lui imposer.

L'annexion à la Prusse ne serait pour elle qu'une extrémité qu'en somme elle redoute, mais qu'elle appelle parce qu'elle vit sous un régime que tout le monde considère comme provisoire, qui n'a pas assez de vertu propre pour subsister encore pendant six mois, et dont le maintien ruine les conditions de prospérité matérielle et morale, entrave le libre développement de la vie publique, use le ressort moral des populations par le sentiment de leur faiblesse, en un mot, est mille fois plus désastreux que la guerre ou que la servitude elles-mêmes.

D'ailleurs, si l'on considère les faits et les opinions dans leur substance, on voit que l'éventualité d'une guerre entre la Prusse et la France ne provoque pas, dans les États de l'Allemagne du Sud, ces explosions d'enthousiasme prussien et de haine patriotique dont parlent si haut les journaux de Berlin, et qu'au contraire la perspective d'un abaissement de la Prusse n'y serait pas envisagée sans un malicieux plaisir, à condition toutefois que la France se renfermât dans la stricte observation de son rôle conservateur et défensif et ne se laissât entraîner ni jusqu'à la conquête ni jusqu'aux incorporations.

Les véritables aspirations des populations méridionales allemandes sont, en somme, autonomes et fédératives. Les mœurs publiques sont façonnées dans ce sens depuis des siècles, et il ne suffit pas d'une aventure heureuse, d'un ministre habile, des déclamations d'une presse vendue, pas même d'une armée de sept cent mille hommes pour les modifier en quelques mois.

Les ministres prussiens ont si bien pénétré cette vérité, que leur unique préoccupation, depuis la fin de la guerre de 1866, a été de circonvenir les États du Sud, d'entraver l'exercice de leur indépendance, d'enchaîner leur liberté d'action, de les lier, enfin, de la façon la plus indissoluble au sort présent et futur de la Prusse. Ainsi, l'on a conclu les conventions douanières et militaires, les traités d'alliance et de commerce; ainsi se trament ces manœuvres clandestines dont le but avoué est une annexion aussi peu déguisée que possible, et que les États du Sud ne peuvent repousser parce que le passé les lie et que l'avenir les épouvante.

La conclusion logique de tous ces faits est donc que si la France pouvait éviter une guerre directe et immédiate avec la Prusse, elle serait tôt ou tard entraînée, et l'Europe entière à sa suite, dans une guerre plus terrible encore pour régulariser la situation des peuples de l'Allemagne du Sud, qui ne pourraient tolérer longtemps leur sujétion à la Prusse.

En ce cas de guerre immédiate, la France ne pourrait évidemment pas compter sur le concours avoué de ces États; les traités qui les lient à la Prusse subsistent et les forceraient même d'abord à mettre au service de cette puissance un effectif de troupes assez considérable. Du reste, l'exemple de l'exécution fédérale est encore sous leurs yeux ou dans leur mémoire, mais ces traités sont tellement opposés à l'esprit et aux intérêts de ces populations, qu'ils seraient bientôt modifiés par les événements et par la force des choses.

Notre alliance fatale et indissoluble, — tant que le nouvel organisme européen ne fonctionnera pas régulièrement — avec l'Autriche, n'opérerait-elle pas aussi une puissante diversion morale? On ne saurait émettre un doute à ce sujet.

On peut, conséquemment, affirmer que les États de l'Allemagne du Sud garderaient bientôt dans le conflit européen une attitude spectative, et qu'en tout cas le concours qu'ils prêteraient à la Prusse serait aussi inefficace que réservé.

Ils surveilleraient, sans doute, avec plus d'angoisses et de terreur, les mouvements des armées prussiennes que ceux des armées françaises et autrichiennes, — et cela par *esprit de conservation.* Francfort, la Bavière, le Wurtemberg et la Saxe ont acquis sur ce point une triste expérience, et savent ce que coûtent aux pays qu'elle traverse les contributions de l'armée prussienne.

Et lorsque la guerre serait terminée comme elle doit se terminer selon la logique et selon le droit, l'explosion du sentiment public dans toute l'Allemagne du Sud justifierait ces appréciations fondées, d'ailleurs, sur l'étude minutieuse des actes et des documents.

En résumé, les peuples de l'Allemagne du Sud sont peut-être destinés à faire triompher une fois de plus en

Europe la race gallo-latine, à laquelle ils tiennent d'ailleurs par tant et de si puissantes attaches.

Leurs instincts, leurs intérêts, leurs mœurs, les prédestinent à ce rôle décisif, et il n'est pas douteux qu'ils ne l'acceptent pour l'éternel bonheur de la civilisation, de l'intelligence et de la liberté.

## X

### L'intérêt anglais.

Lorsqu'on examine, avec l'austérité calme qui convient à de telles études, la chaîne des événements présents, on est saisi d'un respect profond pour le droit, et l'on est tenté de croire à une sévère direction des effets et des causes, des mœurs et de l'avenir.

Si jamais, dans l'histoire des choses humaines, le triomphe d'une idée, d'une race, d'une politique et d'un principe de gouvernement a été complet, éclatant, avoué et reconnu par le monde stupéfait et tremblant, c'est le triomphe de l'idée, de la race, de la politique et du principe de gouvernement anglais.

Depuis 1815, — c'est-à-dire depuis Waterloo, dernier acte du grand combat de vingt ans livré à la France et à l'esprit français par l'oligarchie anglaise, au nom du peuple anglais, — rien n'a égalé la puissance, la gloire, la majesté, l'indépendance et la grandeur universelles de ce peuple, dont le nom seul est encore une force.

Les ombres du sénat et du peuple romains se retrouvent dans l'oligarchie et dans le civisme anglais, — quoique affaiblies et rapetissées par des passions moins désintéressées et moins nobles.

Comme Rome, l'Angleterre est isolée du reste du monde, isolée dans sa prospérité et dans son élévation, isolée dans son égoïsme tranquille et froid par calcul, comme l'égoïsme romain l'était par hauteur ; comme Rome elle est universellement recherchée, mais universellement haïe, comme elle aux époques sinistres où la paix semblait féconder son génie et doubler ses forces, elle est sourdement travaillée par des causes de ruine, de décadence et de mort.

Certes, rien n'est plus beau que son triomphe.

Tandis que la France, son ennemie d'autrefois et toujours sa rivale, s'abîmait dans les folies des révolutions civiles et changeait vingt fois de dynasties et de formes de gouvernement, sans fixer jamais dans l'esprit du peuple la règle éternelle qui convenait à son caractère et à son organisation, l'Angleterre, ferme dans sa direction et toujours fanatisée par son but, étendait sa domination et son influence aussi loin que les mers pouvaient porter un de ses vaisseaux, aussi haut que pouvait pénétrer un de ses représentants.

Et cependant, qu'est-ce que le peuple anglais ? Qu'est-ce que le droit anglais ?

Le peuple anglais est un peuple servile, mais fier, esclave paré des dehors des hommes libres, qui mesure son indépendance à l'argent qu'il reçoit de ses maîtres pour sanctionner leur élévation, et sa puissance à l'eau-de-vie qu'il absorbe pour célébrer sa servitude.

Le peuple anglais est une ruche d'abeilles qu'une nuée de chefs, qui le dédaignent et qui le flattent, dirigent vers les butins les plus fructueux, et qui s'abrutit dans la satisfaction grossière de l'œuvre accomplie, sans se demander à quoi et à qui servira cette œuvre.

Pourvu qu'un vaisseau de sa marine soit salué par les pavillons de toutes les puissances et respecté dans tous les pays et jusque sur les plages les plus lointaines, pourvu que les trésors des nations asservies viennent grossir ses revenus propres, féconder sa terre, nourrir ses soldats et ses pauvres, et alimenter son commerce, pourvu qu'un de ses représentants puisse imposer sa volonté partout, et faire trembler monarques et républiques, pourvu que ses maîtres le rendent puissant et glorieux, le peuple anglais est content ; le peuple anglais n'est pas heureux, car pour être heureux il faut être vraiment libre, et le peuple anglais ne l'est pas, mais il se mire dans son orgueil, dans sa puissance extérieure et dans sa satisfaction, et se soucie du progrès, de la morale et du droit comme un Asiatique ou comme un sauvage.

Le droit anglais est un droit spécial, un droit relatif et non un droit fraternel, un droit personnel et non un droit solidaire.

Or, il ne s'est pas produit en Europe, depuis le commencement du siècle, un seul événement qui ne servît l'élévation, la prépondérance et les visées de la politique et du droit anglais.

C'est l'Angleterre qui a façonné le continent de manière à détruire le vieux prestige des nations gallo-latines ; ce sont ses séductions et son aide qui ont rendu l'Italie aveugle, et ont suscité sa rage et ses vertiges ; ce sont ses encouragements qui ont poussé la Prusse dans la voie où elle s'est engagée depuis soixante ans, afin que la France se sentît impuissante et stérile pour le bien, en voyant toujours devant elle une force hostile.

C'est elle qui a arraché l'hégémonie du vieil empire germain à l'Autriche catholique, monarchique et fédérative pour la livrer à la Prusse luthérienne, féodale et unitaire; c'est, en un mot, l'Angleterre qui a été l'agent le plus actif et le plus intéressé de la politique moderne, — politique détestable qui livre un combat perpétuel à tout ce qui vient de plus haut que l'action humaine, à tout ce qui a une sanction dans le passé.

C'est l'Angleterre enfin qui, aujourd'hui, parvenue au but suprême de ses désirs, ayant organisé l'Europe selon les besoins de ses intérêts immédiats, comme un joueur habile fait d'une partie sur un échiquier, ayant porté partout par ses intrigues plutôt que par ses armes la terreur de SON DROIT *et non* DU DROIT, elle qui, gorgée des dépouilles de tout un monde, riche, prospère en haut et dans ses classes moyennes, constituée selon ses traditions, ne demandant à l'avenir que de perpétuer le présent, est le plus farouche défenseur de la paix européenne, des faits accomplis, du *statu quo*.

Au premier fait d'agression en Europe, l'Angleterre élèvera la voix pour menacer les agresseurs, parce qu'actuellement tout bouleversement porte atteinte à l'intégrité de son triomphe.

L'Angleterre menacera donc, déplorera la guerre, fera

des efforts inouïs pour faire accepter définitivement à la France l'état d'infériorité flagrante où elle se trouve vis-à-vis de l'Allemagne et conséquemment de l'Europe entière : mais il y aura quelque chose de plus fort que la parole, que les actes, que les intentions anglaises, — la logique.

L'Angleterre sera débordée par les événements et il y a telles éventualités probables qui ne lui permettront ni hésitations, ni neutralité.

Jusqu'ici le peuple anglais, composé d'une aristocratie souveraine, intelligente, unie, fière, rusée et dévouée jusqu'à la mort à son œuvre et à la nation, d'une bourgeoisie riche, industrieuse, amoureuse de lucre et de renommée, docile et prête à tous les sacrifices que lui demanderont les soins de sa conservation et de sa prospérité matérielle, d'un peuple malheureux, méprisé et qui ne compte pour rien dans l'État, n'avait vu s'agiter chez lui que la question politique qu'il avait résolue, d'ailleurs, en décapitant sa monarchie, comme sa monarchie avait décapité sa religion.

La question sociale n'existait pas en Angleterre et elle n'avait été soulevée que dans les livres de quelques économistes rêveurs, lesquels, du reste, comme Malthus, ne reculaient pas devant les conclusions les plus effroyables pour trouver une solution conservatrice aux problèmes qu'ils abordaient.

Les nobles anglais, détenteurs du pouvoir, ont toujours cherché à éloigner de l'esprit du peuple ces préoccupations d'avenir intérieur qui sont les germes des grandes agitations civiles, — à les éloigner à tout prix.

Ils ont endormi la nation dans le béat assouvissement de son matérialisme ; ils l'ont charmée par la glorification universelle de son nom, de ses intérêts et de ses haines ; ils ont tourné, en un mot, toutes les têtes anglaises vers les préoccupations d'influence extérieure.

Ils ont réussi.

Et si leur succès prouve quelque chose, il prouve jusqu'à l'évidence que la grandeur externe d'une nation ne dépend nullement du principe, mais de la direction et de l'harmonie de son gouvernement.

Que le roi soit ou ne soit pas une substance de l'organisme politique : qu'on puisse l'ôter, comme en Angleterre, sans ôter une force au pays, ou que cela soit impossible sans décentraliser la vie, il n'importe ! Un peuple peut également dominer ses voisins ; et l'histoire de l'oligarchie anglaise et de l'oligarchie romaine prouvent, ce me semble, que la forme du gouvernement aristocratique et collectif est la forme de gouvernement la plus propre à assurer la prépondérance d'une nation sur les autres.

Il n'en est pas de même pour les développements intérieurs.

Quoi qu'il en soit, la révolution sociale commence aujourd'hui en Angleterre et elle s'attaque au principe vital, à l'âme, elle-même, du gouvernement oligarchique, — à l'élection.

Le mouvement électoral que la couche de la bourgeoisie anglaise qui touche de plus près au prolétariat favorise et poursuit avec le peuple, en y aportant cette ténacité froide et féroce qui n'est contre-balancée que par le respect de la légalité et rendue par cela plus dangereuse, est plus terrible pour l'Angleterre, pour sa domination et pour son gouvernement, qu'une guerre de vingt ans pareille à celle qu'elle soutint naguère contre la France.

L'aristocratie anglaise le comprend si bien, qu'elle a dû chercher un refuge et une défense dans les principes ultraconservateurs, représentés par lord Derby et par le vieux parti oligarchique.

Le ministère actuel sauvera-t-il l'Angleterre de la crise sociale qui la menace? D'ores et déjà, cela paraît impossible.

La réforme électorale n'est que le point de départ d'une action nouvelle et nullement un but atteint ou même une satisfaction provisoire. Le peuple anglais veut aller plus loin et il ira.

Dès lors, un dilemme terrible se pose devant le ministère Derby : ou il adoptera le seul moyen qui s'offre à lui de détourner l'attention du peuple anglais des idées qui produisent l'agitation qu'il veut réprimer, il opérera une diversion, et la seule diversion possible est une intervention européenne; ou il laissera s'accomplir le mouvement qui doit anéantir tôt ou tard cette organisation oligarchique et emporter la vieille aristocratie anglaise vers la décadence lamentable où ont été entraînées les aristocraties de France, d'Italie et d'Espagne.

En supposant, d'ailleurs, que le ministère anglais adoptât ce dernier parti et signât ainsi l'acte qui consacre la déchéance de sa race, qui anéantit ses priviléges et sa domination, en un mot, l'arrêt de mort de la race qu'il aime et qu'il doit défendre, il ne pourrait se désintéresser complétement des événements qui se préparent en Europe, et il ne lui serait permis de s'y intéresser que dans un sens.

La politique anglaise, étudiée dans sa tradition constante, dans sa logique et dans ses résultats, est purement une politique d'intérêts et, en général, d'intérêts commerciaux.

L'Angleterre n'a désiré jouir de sa prépondérance que pour en faire un instrument de trafic, et convertir constamment le sang des soldats qu'elle sacrifie en or dont elle est avare. Ainsi, l'intérêt anglais est universel, et ne varie ni dans la mer des Indes, ni dans la Méditerranée, ni dans l'Océan, ni dans la mer Noire, parce qu'il a partout le même but et la même raison de s'exercer.

Une seule nation, par son génie individuel, par son origine hétérogène, par sa force qui dérive de son audace, agit et peut agir dans le même sens, poussée par les mêmes lois historiques et économiques, guidée par les mêmes mobiles, par les mêmes instincts : ce sont les États-Unis. Et, les États-Unis, race renouvelée incessamment par les alliages de sang de provenances diverses, par une immigration continuelle, dont l'organisation sociale favorise l'action individuelle, mettent encore plus d'âpreté dans la poursuite de leur développement commercial, puisqu'ils ne reculent même pas devant la guerre civile et devant l'asservissement intérieur.

Ils se trouvent donc en antagonisme fatal et flagrant avec l'Angleterre.

Déjà l'hostilité sourde, qui divise ces deux nations aussi puissantes l'une que l'autre, aussi tenaces dans leurs haines, aussi obstinées dans leurs luttes, aussi féroces dans leurs victoires, s'est manifestée plusieurs fois.

D'abord, au grand jour, pendant la guerre de sécession à propos de la violation par les États-Unis de la neutralité anglaise sur le navire *le Trent*. Les États-Unis reculèrent, mais en frémissant de rage et en parlant hautement de vengeance et de représailles.

Enfin, d'une façon détournée, par l'invasion feniane en Angleterre. L'Angleterre réprime ce mouvement par le fer et par la prison. Mais elle sait fort bien démêler son origine, et garde le souvenir de cette atteinte portée par les États-Unis à sa constitution et à sa tranquillité.

Sans doute, la répression du fenianisme, — dans les limites où il se renferme aujourd'hui, — n'est pour l'Angleterre qu'une irritante préoccupation; mais ce mouvement ne saurait-il devenir redoutable? Les sympathies que lui témoignent ouvertement la plupart des journaux d'Amérique et certains journaux du continent, sont des symptômes que l'on ne doit pas négliger.

Quoi qu'il en soit, les haines s'amassent des deux côtés, et bientôt, au premier conflit d'intérêts commerciaux qui éclatera sur un point quelconque du globe entre un navire anglais et un navire américain, la rivalité deviendra mortelle, et il faudra que l'une des deux nations cède à l'autre la direction, sinon le monopole exclusif du commerce universel.

On peut, du reste, retrouver un écho de ces sentiments dans le langage des publicistes des deux pays, surprendre la trace de leur animosité dans leurs rapports diplomatiques et dans l'action constamment divergente qu'ils exercent partout, enfin, jusque dans les discussions des corps souverains en Amérique et en Angleterre.

Un journal annonçait récemment que *le gouvernement des États-Unis était décidé* A FAIRE DE PLUS EN PLUS DE L'INTERVENTION AMÉRICAINE EN EUROPE. Ce langage barbare, mais précis, qui vient à l'appui des prévisions qui ont été exposées plus haut, a dû avoir en Angleterre un retentissement considérable, et un Anglais exprimait récemment, devant l'auteur de ce livre, les craintes et les fureurs que suscitaient outre-Manche la conduite des agents américains en Crète, en Italie et jusqu'en Irlande et les bruits qui ont couru au sujet de l'intention qu'avait le cabinet de Washington d'acheter à la Porte ou à la Grèce une ou plusieurs îles de l'Archipel.

Or la situation de l'Angleterre au dedans et au dehors étant telle qu'elle vient d'être exposée, quelle est la voie qui s'ouvre devant la politique française?

La France ne pourrait-elle pas menacer l'Angleterre de laisser accomplir en Orient l'œuvre combinée de la Russie et de l'Amérique, de désintéresser ainsi ces deux puissances du conflit actuel et de reposer l'avenir de l'Europe sur l'éventualité, sur l'espoir d'une scission de l'empire russe ?

Ce serait sans doute une audace terrible et poignante, ce serait jouer les destinées du vieux continent sur un coup de fortune, ce serait enfin réserver au hasard seul la direction de l'avenir. Mais à cette audace, à ce jeu, à cette solution, l'Angleterre ne perdrait-elle pas plus que nous? Son empire commercial ne serait-il pas ruiné par le seul fait de l'immixtion directe des États-Unis dans les affaires occidentales? Son empire des Indes ne serait-il pas menacé directement par les convoitises d'abord, puis par les forces combinées russes et américaines ?

L'Angleterre ne saurait donc, en ces circonstances suprêmes, que garder une neutralité bienveillante et nous soutenir moralement pendant que la guerre serait locale, c'est-à-dire française, autrichienne, prussienne et russe; en un mot, tant que le conflit resterait purement continental ; mais si l'Amérique intervenait, si les prédictions sinistres de M. Soulé à la cour d'Espagne recevaient un commencement de sanction, si une flotte américaine forçait la Porte à lui céder une île grecque, menaçait le détroit des Dardanelles et facilitait à une flotte russe l'accès et la domination de la mer Noire, de la mer de Marmara et de l'Archipel, si vingt mille aventuriers d'Amérique descendaient sur les côtes de la Morée ou de l'Istrie, de l'Asie mineure ou des principautés danubiennes, il faudrait que l'Angleterre consentît à mourir, abandonnât les Indes à la Russie, et ses possessions insulaires à l'Amérique, ou qu'elle se jetât dans la mêlée avec toute sa furie et toute sa force.

Voilà pourquoi il ne faut pas tenir compte du langage pacifique des journaux anglais, de l'attitude équivoque de la diplomatie anglaise et des sympathies que l'Angleterre témoigne à des nations qui nous sont ouvertement hostiles.

Une phrase du discours de la reine Victoria à l'ouverture du Parlement, phrase qui accentue un blâme direct de l'intervention française à Rome, et où l'on a pu voir même une menace, a beaucoup préoccupé les esprits en France; mais une parole quelconque a-t-elle une valeur en présence de faits aussi nettement accusés, aussi tyranniques que ceux qui sont soumis à notre examen? Une situation aussi tranchée que celle de l'Angleterre dans les éventualités que j'évoque admet-elle une hésitation et un biais? L'Angleterre peut-elle se dégager de l'étreinte de ses intérêts immédiats, des soins de son avenir et de son existence?

Sans doute, l'Angleterre veut la paix; elle veut la paix, parce que la paix c'est son triomphe, c'est la justification de ses théories et de ses actes, c'est la satisfaction de ses instincts; elle veut la paix, parce que la paix serait aujourd'hui la continuation et le complément de l'œuvre de Pitt, l'abaissement et le bouleversement ultérieurs de la France. L'Angleterre veut la paix enfin et menace qui la trouble, parce qu'elle pressent l'alternative où la placera la guerre, parce qu'elle sait fort bien qu'elle sera obligée de combattre et de combattre à outrance jusqu'à la victoire ou jusqu'à l'épuisement ou la mort ; mais, au premier coup de canon qui ébranlera l'Europe, l'Angleterre devra préparer ses escadres et ses trésors, armer ses enfants et ses mercenaires, et se préparer pour la lutte suprême qui doit décider de son avenir.

L'Angleterre consentirait-elle à laisser prendre la Hollande à la Prusse et la Belgique à la France, consentirait-elle à laisser envahir l'empire turc par les armées russes, ne peut se désintéresser complétement de la question d'Orient, qui pour elle est plutôt une question commerciale qu'une question politique. Elle ne peut conséquemment se désintéresser de la lutte, surtout si la lutte se complique d'une intervention américaine, et cette intervention est probable, elle est annoncée, attendue et pour plusieurs inévitable.

Or, dans le cas où la guerre resterait purement européenne, l'Autriche, la France et la Turquie ne peuvent-elles, en supposant une neutralité absolue de l'Angleterre, contenir la Russie, la Prusse et l'Italie ? C'est la question qui a été discutée précédemment.

Dans le cas où l'intervention américaine viendrait rendre la guerre plus générale, cette guerre prendrait un caractère horrible ; ce serait la guerre la plus épouvantable que l'histoire eût jamais enregistrée ; mais l'intervention de l'Angleterre serait inévitable, et les forces anglaises et les trésors et le crédit anglais nous apporteraient un secours décisif.

Chose étrange, l'intérêt anglais commande la guerre à l'aristocratie anglaise qui désire la paix !

Le sang anglais devra couler pendant des années peut-être pour une cause que les Anglais détestent, la cause de la civilisation gallo-latine, et ce sera le triste résultat, la punition juste et fatale de la politique égoïste, haineuse et mesquine de ce fantôme du Sénat romain qui s'appelle le Parlement britannique.

Les paroles fatidiques de Mirabeau mourant : « La France a deux ennemis irréconciliables : Pitt et Marat ! » me reviennent à l'esprit quand je songe aux destinées présentes de l'Angleterre.

Et ne trouve-t-on pas que la force inexorable qui dirige aujourd'hui l'Angleterre dans le sens des intérêts français, et qui la pousse vers l'action avec une logique inflexible, n'est ni un châtiment aveugle, ni un hasard sans portée, sans profondeur ?

Quant à nous, nous devons déplorer ces nécessités inhumaines, mais nous devons aussi les subir et les affronter avec courage.

La liberté, la civilisation, le progrès sont notre palladium, notre droit, notre vertu.

---

## XI

### Slaves et Grecs.

La question d'Orient et de l'avenir des races slavo-grecques est, certes, l'une des questions les plus terribles qui se posent périodiquement devant la diplomatie européenne.

La position indécise de l'empire turc et le sort de ces populations disséminées depuis les confins de la Pologne jusqu'aux rives du Bosphore, de la Morée et de la Livadie, — empire ruiné, sans vertu pour revivre, populations désagrégées, sans mobiles déterminés, sans aspirations précises, et conséquemment sans unité d'action politique, — représentent les deux problèmes les plus redoutables de la politique moderne, parce que ce sont ceux dont on peut avec le moins d'incertitude déterminer les termes, et que, dans l'énumération de leurs solutions possibles, on doit réserver la plus grande place à l'avenir et au hasard.

En effet, les événements qui attirent de nouveau sur ces points divers l'attention de l'Europe, se compliquent de tant d'intrigues, se combinent avec des passions et des influences si divergentes, se dénouent suivant une logique si différente de celle que nous appliquons aux faits généraux de notre monde et de nos relations, que les appréciations les plus réservées, celles qui paraissent les plus sages, sont démenties par le cours naturel des faits et par la multiplicité et la violence des complications.

Cette question complexe agite donc en vain les esprits depuis le commencement du siècle.

Napoléon et Alexandre la soulevèrent à Tilsitt, et ne purent la trancher malgré leur toute-puissance. Les diplomates du congrès de Vienne l'ont écartée autant que possible. La guerre de 1854 l'a rendue plus ardue. Le congrès de Paris n'a su que la compliquer et les événements récents n'ont fait que la rendre plus irritante.

Néanmoins, si l'étude patiente et sérieuse des races, des peuples et des intérêts particuliers ou solidaires, peut servir à instaurer une opinion qui ait quelque apparence de justesse, on peut affirmer que le sort des peuples dont il s'agit est subordonné à deux grandes divisions que la configuration du sol et les caractères de ses habitants rendent pour ainsi dire naturelles.

Les populations des versants de la mer Noire, c'est-à-dire de la Valachie, de la Bulgarie, de la Moldavie et d'une portion de la Roumanie, participent de toute évidence plutôt de la race slave que de la race grecque, et leurs intérêts ont une incontestable connexité avec ceux des pays polonais; au contraire, les populations du versant méditerranéen, c'est-à-dire du reste de l'empire turc en Europe, participent aussi visiblement de la race grecque pure, et leurs intérêts s'identifient avec les intérêts des pays hellènes.

Si une paix durable entre les grandes puissances continentales et une constitution équitable et ferme de l'équilibre européen, permettaient de donner à ces populations une organisation fixe, — en supposant, d'ailleurs, l'empire turc complétement anéanti par une sédition ou par un coup de main, — la solution la plus simple et la plus logique serait l'établissement de deux empires, — républiques ou monarchies, peu importerait, — l'un purement slave et l'autre purement grec.

L'exclamation si connue de Napoléon à Tilsitt : « Constantinople ! mais c'est l'empire du monde ! » n'a une raison et une valeur que tout autant qu'on l'applique à la Russie.

Constantinople tombant entre les mains du Russe, c'est, en effet, l'accomplissement du fait politique le plus considérable des temps modernes, et un danger réel quoique moins terrible qu'on ne le suppose pour la civilisation et pour les peuples occidentaux ; mais Constantinople capitale d'un empire grec dont la neutralité serait garantie et le gouvernement surveillé par la collectivité des puissances européennes; Constantinople, poste avancé d'une puissance de quatrième ou de cinquième ordre; Constantinople, point de séparation entre un empire grec comprenant une partie seulement de la Roumanie, la Macédoine, l'Albanie, la Morée, la Livadie et l'Archipel, et un empire slave comprenant la Bulgarie, la Servie, la Bosnie, la Moldavie, la Valachie et ultérieurement les provinces polonaises ne serait qu'une ville de transit, de commerce et de plaisirs, presque sans importance politique.

On comprend bien que ceci n'est qu'une hypothèse

destinée à simplifier jusqu'à la naïveté cette question si difficile et si multiple.

Cette solution ne serait donc possible que si l'ambition des uns s'inclinait devant la sagesse des autres, et si, pour éviter les guerres qui nous menacent, tous les peuples d'Europe déléguaient leurs pouvoirs absolus à un congrès universel, — supposition qui est, elle-même, plus absurde que cette hypothèse.

Par conséquent, dans les circonstances actuelles, la vraie politique des puissances occidentales, et surtout la politique de la France, doit être de favoriser le maintien de la domination turque, jusqu'à ce que cette domination soit complétement ruinée, et qu'il soit prouvé qu'elle n'est plus possible.

La France n'a, en fait dans la question d'Orient, que des intérêts strictement relatifs. Elle n'a aucun intérêt immédiat à Constantinople, et si elle surveille les menées russes ou anglaises, c'est qu'elle ne peut laisser exercer sans elle une action de quelque importance sur un point quelconque de l'Europe. Mais au fond, si toutes les puissances se désintéressaient de l'intervention dans les affaires de la Turquie, la France n'aurait aucune raison majeure d'y perpétuer la sienne.

Cependant, la situation toute spéciale dans laquelle l'Europe se trouve actuellement engagée, impose à la France le devoir de maintenir l'empire turc et de le défendre au besoin la première, s'il était attaqué par les

Russes. Il serait, en effet, possible que la première étincelle qui doit allumer l'incendie dans toute l'Europe, partît de l'Orient, — et si l'attaque des forces qui nous sont hostiles commençait sur ce point, ce serait une habileté qui devrait échouer devant notre raison et la conviction intime que nous aurions de l'étroite solidarité qui lie les intérêts de la Russie et de la Prusse.

Il ne faut jamais perdre de vue qu'en Orient notre politique doit être une politique de diversions, et que cette politique nous commande d'abord de secourir l'empire ottoman.

Outre que les forces turques opéreraient ultérieurement une diversion puissante sur les points les plus vulnérables de la domination russe, outre que les sympathies russes des Grecs et d'une partie des populations slaves pourraient dans une période de troubles, et si l'empire turc était anéanti, les pousser à se joindre à la Russie contre l'Autriche, la France doit prendre en ceci pour règle fixe de conduite ces paroles si sages de M. Thiers :

« *Tout bouleversement qui n'est pas* INÉVITABLE, *toute dépossession qui n'est pas commandée par* LA PLUS ÉVIDENTE ÉQUITÉ *ou par* L'IRRÉSISTIBLE *marche du temps est* INHUMAINE, IMPRUDENTE ET DANGEREUSE. »

On s'est beaucoup étonné récemment de la dernière note collective que la France, la Russie et d'autres puissances ont adressée à la Porte sous forme de déclaration, — note où le blâme va presque jusqu'à la menace.

Sans nier absolument que ceux qui considèrent cette note comme un vieux document diplomatique exhumé par la Russie au moment où l'alliance franco-autrichienne nouée à Paris entre François-Joseph et Napoléon III, s'efforçait de s'étendre à Londres, et pour entraver cette alliance en faisant naître en Autriche et en Angleterre des doutes sur la sincérité de la France, soient dans la vérité, dans la logique et dans la raison, on peut, ce me semble, expliquer et justifier cette note d'une façon plus simple.

L'intérêt français en Orient étant continuellement un intérêt de diversions, la France n'a pas le devoir de suivre obstinément un parti plutôt qu'un autre; d'ailleurs, le sort des populations chrétiennes devant lui inspirer, en sa qualité de première puissance catholique, la plus légitime sollicitude, et l'administration turque étant si évidemment impuissante à réprimer les abus et les vexations dont ces populations sont accablées, il est tout naturel que la France se soit associée à des représentations qui, prises à la lettre et abstraction faite du mobile de la Russie qui les a provoquées, ne sont, en elles-mêmes, que fort justes.

De là à supposer une tacite approbation des manœuvres russes, et une résignation ultérieure au succès qu'elles poursuivent, il y a un abîme, et le discours impérial, qui n'est peut-être pleinement explicite que sur ce sujet, affirme hautement les deux termes essentiels de la question :

« *Je suis heureux de constater*, y est-il dit, *que les puissances sont* TOUTES *d'accord sur deux points principaux*

LE MAINTIEN DE L'INTÉGRITÉ DE L'EMPIRE OTTOMAN ET L'AMÉLIORATION DU SORT DES CHRÉTIENS. »

Si les éventualités que l'on doit prévoir et redouter se produisent, la France soutiendra donc l'empire ottoman, et trouvera en lui un allié fidèle et plus puissant et mieux armé qu'on ne le croit généralement.

L'armée turque a été impuissante contre une poignée d'insurgés crétois, *parce qu'elle craignait, en réalité, bien plus son triomphe que la perpétuité de l'insurrection*, et parce qu'elle ne pouvait marcher en avant et étouffer la révolte dans son véritable foyer. Du reste, une guerre poursuivie dans une île montagneuse contre un ennemi incessamment grossi par des forces étrangères, n'a aucune analogie avec une guerre régulière.

La vieille vertu guerrière des Turcs étonnerait encore le monde occidental, si une organisation normale et une direction savante secondaient le courage des soldats ; or, nous pouvons donner à la Turquie ce qui lui manque : nous avons de l'argent et des généraux.

Quant à l'avenir des pays slavo-grecques, leurs destinées me semblent liées providentiellement aux destinées de la Pologne, et peut-être verrons-nous s'accomplir sur ces confins de notre Europe la plus étrange révolution des temps modernes : la résurrection de deux nations et de deux races. Ne suffirait-il pas pour cela d'une victoire décisive ? Et ne sommes-nous point les fils de ceux qui, pendant un quart de siècle, ont vaincu le monde entier ?

Si les hasards ou les suites d'une guerre rendaient possible ce grand acte de justice et de réparation, la France ne devrait pas mentir à son antique réputation de générosité, elle ne devrait point renier ses sympathies constantes, et ce serait pour elle une étroite obligation que de se dévouer à la restauration d'une puissance slave, — la Pologne, — et à la fondation d'une puissance grecque, organisées cette fois d'après des principes qui ne rendissent pas leur ruine ou leur asservissement inévitable.

La Pólogne a péri jadis, parce que son gouvernement était une oligarchie sans contre-poids, parce qu'elle n'avait qu'une noblesse brillante sans doute et dévouée à sa foi et à sa patrie, mais anarchiste et indisciplinée, et un peuple paysan sans armes et sans direction; elle a péri, parce qu'elle n'avait pas une bourgeoisie riche, puissante, libre, et conséquemment féconde et inépuisable pour la résistance.

Le vieil empire grec succomba sous sa propre corruption, et s'abîma dans le servilisme le plus abject, parce que son gouvernement lâche, misérable, sans loyauté et sans vertu, lui avait fait perdre tout ressort moral.

Ces leçons seraient-elles stériles?

On ne saurait le croire, car on ne saurait désespérer de la sagesse et de l'élévation humaines.

Si la Pologne pouvait revivre, si l'empire grec pouvait être fondé sur les ruines de l'empire turc, ce serait pour la France un honneur et un bonheur que d'avoir aidé même indirectement à la fondation de leur indépendance et à la constitution nouvelle et puissante de leur gouvernement.

Jusque-là la question d'Orient, que cette solution rendrait si simple, si naturelle et si féconde, restera un mystère, une terreur et un danger.

## XII

### Les Amis de la paix.

Il ne sera pas inutile, après avoir lu ces considérations politiques inspirées par les faits récents, et avant de rechercher les réalités qu'elles laissent entrevoir, les résultats qu'elles prédisent, les conclusions qu'elles justifient, d'étudier rapidement l'état présent de l'esprit public en France, d'apprécier les manifestations qui sont hostiles à la politique indiquée ici, et de s'arrêter à déplorer les tendances qu'elles présagent.

Le caractère du raisonnement, à notre époque, est d'être anarchique.

L'horrible mêlée d'idées, de passions et d'intérêts que les hommes de ce temps traversent, qui fascine les plus forts et entraîne les plus graves a cette grandeur d'être une cause d'élaboration fiévreuse et progressive, aussi bien dans le domaine des corps que dans celui des intelligences, ce malheur et cette bassesse de ne connaître aucune règle, de ne subir aucune loi, et d'être livrée aux caprices imbéciles du plus grand nombre.

Aussi, naît-il aujourd'hui beaucoup plus d'hommes d'action et d'attitude que d'hommes de réflexion et de substance.

Aussi, les mobiles politiques et moraux sont-ils plutôt des entraînements que des convictions.

Aussi, s'explique-t-on plus facilement qu'il soit nécessaire, lorsqu'on veut se rendre compte d'une série d'actes émanant d'un parti, — c'est-à-dire procédant de l'opinion d'une fraction déjà considérable de l'ensemble intellectuel, — de saisir leur signification dans les pensées et dans les gestes d'une foule d'individualités plus ou moins saisissantes.

Actuellement, il est incontestable qu'un travail profond et mystérieux s'opère sourdement en France dans certaines classes sociales, — travail qui est la continuation logique de faits antérieurs, la poursuite de l'évolution radicale commencée au dix-huitième siècle. Mais, tant que cette œuvre ne se traduira pas elle-même par des faits, la politique spéculative devra seule en tenir compte, — et je fais ici malheureusement de la politique réelle et positive.

Je dois donc chercher ailleurs les manifestations de l'esprit public, et la presse seule peut me fournir les explications que je sollicite.

Sans individualiser une observation et un débat fort délicats en eux-mêmes, mais dont il est nécessaire et juste de poser les termes généraux, on peut déplorer publiquement l'état actuel de la presse en France et constater qu'elle manque presque toujours d'élévation, souvent du respect des autres, et, ce qui est plus grave, d'elle-même, — conséquemment d'autorité.

On ne fait, en affirmant cette vérité, que donner une

expression sincère à des regrets qui sont ceux de tous les patriotes intelligents et qui se retrouvent au fond du cœur des journalistes eux-mêmes.

Autrefois, le journal était une force, — une force intime et presque mystérieuse, il n'est plus maintenant qu'un instrument : instrument financier, instrument de commerce, instrument de haine, instrument d'ambition toujours vendu, toujours à vendre.

— Il y a d'honorables exceptions et je ne prends ici que les faits d'ensemble. Ceci est en quelque sorte une constatation légale qui ne saurait atteindre les hommes, — et il y en a, — qui ont une conscience.

On a cherché les causes premières de ce malheur public, et les moralistes ont cru les voir dans les tendances instinctivement positives des hommes de notre temps les sceptiques dans l'essence elle-même de la presse, les gens naïfs dans les détails de l'organisation actuelle des journaux, les uns dans l'application de la loi sur les signatures, les autres dans l'impôt du timbre, d'autres enfin dans l'abaissement du prix des journaux.

Bien que ces diverses causes aient pu exercer une influence sérieuse sur la destinée déplorable de la presse française, il me semble que le principe du mal est plus haut et plus loin, et, — je me hâte de le dire avec une satisfaction à la fois sévère et douce, — il est étranger à la presse elle-même, à tout ce qui la compose, à tout ce qui la fait et qui l'approche.

L'un des calculs les plus faux et les plus funestes dont

les premiers conseillers de l'Empire aient obstinément poursuivi la réalisation, a été l'idée de neutraliser d'une façon complète l'action divergente de la presse en resserrant sur ce point une centralisation déjà excessive.

Une administration aussi puissamment centralisée que l'administration française pouvait exercer sans effort une tutelle sévère sur les journaux, pourvu que des lois restrictives et un régime de tolérance vinssent en limiter le nombre.

C'est ce qu'entrevirent fort judicieusement les législateurs du second Empire, — qui avaient tous pu étudier le fonctionnement de la presse libre en 1848, et c'est aussi ce qui les tenta.

Ils comprirent qu'en France, du moment que la création d'un journal est entravée par des obstacles légaux et matériels quelconques et si légers qu'on les suppose, le nombre des journaux restant toujours à peu près fixe dans le pays tout entier, la presse ne peut conserver qu'une indépendance relative; car, l'administration française est toujours en mesure d'asservir ou de ruiner complétement un journal qui lui est hostile, et, si ce journal ne peut se transformer, il hésitera toujours à faire usage d'une liberté dangereuse.

Ces amis de la première heure appliquèrent donc le principe de l'autorisation préalable : ils le rendirent plus terrible encore par leurs primitives rigueurs, et ce fut depuis une tradition constante dans l'administration française que de traiter la presse en ennemie de l'ordre public, — aussi bien, du reste, au ministère de l'intérieur que dans les préfectures.

On ne saurait, certes, se tromper plus grossièrement. On a cru ainsi s'emparer de l'opinion, la diriger ou s'en servir : on n'a fait que saisir une ombre ; on a acheté, payé ou tué la presse ; on a irrité la conscience publique parce que l'opinion est insaisissable et qu'elle tire tôt ou tard vengeance des violences qu'on lui inflige.

L'inconvénient le plus sérieux de ce régime, — inconvénient que doit ressentir le gouvernement qui voudrait, paraît-il, qu'on lût le moins possible, de même que la foule qui voudrait lire le plus possible — c'est de créer de véritables monopoles, et comme la tendance naturelle de tout homme qui a un monopole est d'en tirer un bon parti matériel, comme le seul parti qu'on puisse tirer d'un journal forcément asservi est de s'en faire une source de gros revenus, les journaux sont devenus des feuilles d'annonces qui donnent incidemment, et d'une façon souvent perfide, les nouvelles politiques.

En somme, le régime des autorisations préalables, compliqué d'ailleurs des cautionnements, des communiqués et des avertissements, a produit tout naturellement *la politique industrielle.* Les journaux qui ont voulu déguiser leur servilisme obligatoire ont fait de la politique et de la littérature d'information, et toutes ces causes ont anéanti l'autorité morale de la presse en contribuant à la rendre muette, indifférente ou indigne.

Les hommes qui ont accompli cette œuvre doivent-ils s'en réjouir? Auront-ils ainsi rendu service à l'Empire? Ont-ils éteint les foyers des oppositions, détruit les moyens de perversion et de désordre ? Les panégyriques des feuilles gouvernementales et le silence des journaux tolérés auront-ils ébranlé les convictions contraires? En un mot, parce qu'on a enrégimenté les plumes et discipliné le présent, a-t-on enrégimenté les pensées et enchaîné l'avenir? Non! mille fois, non! On ne doit pas se réjouir d'avoir mené à bien une œuvre mauvaise, maladroite et d'ailleurs facile; on ne doit pas s'en réjouir même quand cette œuvre subsiste et brave encore les haines et les colères.

L'Empire aurait eu besoin d'autres services et d'autres conseils, et ceux-là, la presse seule et la presse libre, noble, intègre et féconde, aurait pu les lui donner. Ces services devaient être désintéressés, ces conseils libéraux et traditionnels; mais où l'Empire les a-t-il trouvés? Il les a cherchés, il les a cherchés vainement et avec ardeur, et ils lui ont fait défaut aux moments les plus solennels de sa période.

Enfin la flamme qui allume les incendies n'est pas étouffée, le souvenir des paroles qui pervertissent et des actes qui désorganisent n'est point perdu. Les panégyriques sont des mots, le silence est un fait et les convictions contraires sont toujours d'autant plus ardentes qu'on les a davantage opprimées.

On ne supprime pas une force, on ne saurait que la

comprimer; mais c'est alors seulement qu'elle devient dangereuse, et les réactions furieuses et sans mesure répondent toujours aux zèles excessifs et maladroits. Cette vérité mathématique n'a point frappé l'esprit des conseillers du second Empire, et cela les a conduits à désavouer leur œuvre.

En tout état de cause la presse française gémit aujourd'hui dans l'abaissement et dans l'impuissance. C'est une affirmation qu'il faut toujours avoir présente à l'esprit lorsqu'on examine ses actes, lorsqu'on étudie ses appréciations, lorsqu'on juge ses tendances.

Je ne dois parler du reste, ici, que de l'attitude qu'elle a prise et gardée récemment dans les questions de politique extérieure.

Dès l'origine du conflit allemand, cause première de la crise que nous traversons, il fut facile de démêler qu'une scission plus radicale et plus profonde que de coutume s'opérait entre les journaux des diverses fractions opposantes.

Il fut aisé d'établir l'existence d'une dualité dans la direction des opinions indépendantes et de voir que cette dualité correspondait avec deux sentiments politiques absolument opposés et qui n'admettaient aucune nuance, aucune demi-affirmation.

D'un côté, les journaux révolutionnaires de toutes les religions, de toutes les églises et de toutes les chapelles demandaient la paix, la résignation, l'abstention, et, en tout cas, la neutralité; de l'autre, les journaux conservateurs de tous les partis, de toutes les fractions et de tous les groupes demandaient la guerre et repoussaient la doctrine des concessions, des désintéressements, des faits accomplis.

Je ne me ferai pas l'écho des bruits misérables que l'on a voulu répandre et dont la presse anglaise a été le premier agent touchant la corruption par la Prusse d'un certain nombre de directeurs de journaux français.

On a essayé de donner un tour plaisant à des faits si graves, et qui seraient tellement monstrueux que la honte en rejaillirait sur la presse du monde entier : c'est ce qui, selon moi, doit mettre en garde contre cette assertion, à laquelle l'attitude des divers organes de la démocratie, attitude si évidemment anti-française, peut avoir donné quelque crédit.

Je ne nie pas assurément qu'il se trouve à la tête et dans les rangs des journalistes français des misérables toujours prêts à vendre leurs services et à consommer pour de l'argent la plus épouvantable de toutes les trahisons, la trahison par la pensée et par la plume : mais j'affirme que si la Prusse a pu trouver ces hommes, si elle a pu leur faire accepter son or et sa livrée, la majorité des écrivains qui ont soutenu l'œuvre prussienne l'ont fait par conviction, par entraînement ou par imprévoyance.

Au fond, ce mouvement fut raisonné, parce qu'il y avait partout des hommes assez clairvoyants pour juger l'avenir ; mais si ces hommes ont poursuivi la réalisation d'une œuvre funeste à la France, — j'ai entendu d'ailleurs les plus honnêtes et les plus respectés exprimer à ce sujet des regrets poignants et mortels, — ils s'y sont engagés, les uns parce qu'ils ne voyaient pas les conséquences extrêmes du mouvement qu'ils secondaient, les autres pour faire œuvre d'opposition étroite et parce qu'ils savaient bien où la paix devait conduire le gouvernement.

Aujourd'hui la division signalée plus haut persiste et s'accentue. Elle persiste, parce qu'il est malheureusement d'usage en France, dans le monde politique, de ne jamais avouer une erreur, de ne jamais revenir sur une faute et de poursuivre l'opinion qu'on a exprimée jusqu'à ses dernières conséquences, vît-on clairement comme résultats les bouleversements sociaux les plus effroyables. Elle s'accentue, parce que les écrivains qui ont accepté la difficile mission de défendre, de justifier et de faire triompher la politique dite des nationalités, — c'est-à-dire la politique des grandes agglomérations, — s'illusionnent sur la durée de la période d'apaisement que nous traversons actuellement et croient que l'avenir peut susciter des complications qui modifieront la situation et créeront des nécessités nouvelles.

Le temps, il est vrai, modifie tout... tout, excepté la logique.

Les conclusions que l'on pressent, justifiant l'attitude prise par tous les journaux du parti conservateur que l'on pourrait appeler en ce moment le parti français, — attitude plutôt instinctive que raisonnée, puisqu'ils s'égarent à la poursuite d'un idéal de gouvernement intérieur complétement dissemblable — et étant contraires aux assertions des journaux nationalistes, c'est-à-dire unitaires, il importe seulement à l'auteur de ce livre de rechercher les moyens différents que ces journaux emploient pour façonner l'opinion dans le sens du maintien de la paix et de juger d'une façon rapide les arguments qu'ils mettent au service de cette politique.

On peut diviser les adversaires de la politique d'équilibre et d'intervention en trois groupes distincts représentant chacun une fraction du parti nationaliste.

Le premier groupe, formé des débris d'un parti jadis triomphant qui, continuant son œuvre, s'allie à tous les éléments qui peuvent désagréger l'opinion et favoriser je ne sais quelles intrigues, est celui qui compte dans son sein les hommes les plus remarquables par les talents et aussi par la fermeté du caractère.

Si les hommes de cette fraction libérale s'égarent, ils savent, eux, parfaitement ce qu'ils font et jugent avec toute la hauteur et toute la sûreté de coup d'œil de leur supériorité dédaigneuse les partis, les situations et l'avenir.

Eh bien ! ce qu'ils espèrent, il n'est pas besoin de le dévoiler ici : car toutes les intelligences l'ont perçu, tous les jugements l'ont pénétré, et d'ailleurs je ne suis pas le dénonciateur des ennemis du règne actuel.

Je ne suis pas même un défenseur de l'Empire.

Mais, devaient-ils placer les intérêts de leur caste au-dessus des intérêts du peuple et pousser la France à la ruine morale, à la consomption de ses forces dans les fièvres intérieures, à l'abaissement devant l'étranger, dans le but de la faire trébucher dans le bourbier des basses intrigues ou dans l'abîme des dissensions désespérées?

Sont-ils bien sûrs d'ailleurs de leur force, de leur dévouement au pays, de leur sagesse et de leur vertu? Et quand l'heure des transformations radicales aurait sonné, lorsqu'il faudrait plus tard relever le prestige de la nation, lui redonner une âme, un cœur, une conscience, seraient-ils assez puissants pour ressusciter un cadavre?

Les modifications apportées par la Prusse à l'organisation intérieure de l'Allemagne, la crise anarchique que traverse l'Italie désespérée, le danger pour l'Europe occidentale des aspirations russes en Orient, en un mot, les craintes effroyables qui se manifestent partout à propos de la politique extérieure ne sauraient tromper leur clairvoyance.

Ils comprennent que l'heure présente est unique et décisive, et ils conseillent au pays la résignation et la prudence, et ils tournent leurs regards vers la question intérieure qui seule intéresse leur ambition, qui seule sourit à leurs rêves, qui justifie seule leur confiance.

La résignation n'est que la vertu des faibles; et la France est-elle tombée si bas que l'on puisse lui faire un devoir de la mettre en œuvre? La prudence est souvent une grandeur, mais elle prend un autre nom en certaines circonstances.

Les sentiments, du reste, sont plus hauts, plus forts et plus éclairés quelquefois que la raison elle-même, et les sentiments des masses ne sont ni avec ces hommes ni avec cette politique.

Si la France n'est pas une nation dégradée, si la France n'a pas perdu cette élévation morale qui fit autrefois son nom et sanctionna sa suprématie, elle ne saurait se résigner à un amoindrissement flagrant, elle ne saurait livrer son avenir au caprice d'événements qui s'accomplissent en dehors d'elle, et se jeter dans la voie que lui désignent les intérêts et les espérances de ce parti.

Aussi le bon sens public ne peut-il se tromper à cette affectation de sagesse et comprend-on généralement aujourd'hui que rien n'égale la vanité des déclamations pacifiques des libéraux modérés que l'impuissance de ces hommes à fonder une politique féconde, à la poursuivre et à l'appliquer.

Le deuxième groupe nationaliste use de moyens à la fois plus grossiers et plus perfides.

Cette fraction du grand parti de la paix est représentée par des personnalités longtemps ralliées, soumises ou vendues à l'Empire, mais que les déceptions d'une vanité longtemps satisfaite et toujours croissante ou les instigations d'une colère mesquine poussent à détruire ce que leurs mains serviles ou fiévreuses auraient édifié, soutenu et réparé si l'on eût voulu les payer ou les employer.

Je ne veux point faire injure à M. de Girardin et je déclare retirer d'avance tout ce qui paraîtrait blessant en ceci pour son caractère ou pour sa personne privés, mais je suis forcé de constater qu'il est l'individualité la plus saillante de ce groupe, et qu'en ses actes, ses paroles ou ses écrits se résument les moyens d'action employés par cette fraction d'opposition pacifique qui n'est qu'une coterie et se croit un parti.

On retrouve en cela, d'ailleurs, les légèretés de ce caractère qui n'a jamais brillé que par ses dehors, et ces habiletés de journaliste qui ne surprennent plus aujourd'hui que les sots et forment l'arsenal vieilli de l'ancienne polémique libérale.

M. de Girardin est, en tous points, un bel esprit d'aventure.

Un de mes amis le définissait, avec beaucoup de finesse et d'à-propos, « le sergent-major de la politique contemporaine. »

M. de Girardin n'a jamais pu ou n'a jamais su, ce qui est la même chose, devenir sous-lieutenant, c'est-à-dire secrétaire d'État; et c'est un bonheur pour lui plutôt que pour nous.

En effet, les fautes que commet un homme d'État peuvent toujours être réparées pour le pays par son successeur, mais elles sont irréparables pour celui même qui les a commises, qui perd en sortant d'un poste important qu'il n'a point su occuper, sa renommée, son avenir et la confiance des autres.

Si M. de Girardin avait été ministre, pourrait-il écrire chaque jour un article pour la *Liberté*, et ce journal vendrait-il chaque soir trente mille de ses numéros au bon public ?

S'il ne le pouvait pas, si la *Liberté* n'avait pas quarante ou cinquante mille lecteurs, ne serait-ce pas en vérité, grand dommage pour nous et pour M. de Girardin ?

Esprit plus audacieux, plus pratique et plus turbulent que MM. John Lemoine, Paradol et Caraguel, — le trio des masques du *Journal des Débats*, — M. de Girardin parle brutalement à la France le langage des intérêts et fait de la politique une question de chiffres.

En cela, il se trompe, car les nombres ne peuvent être pris en politique que comme des relations dont la valeur exacte varie selon le temps et selon les gens.

Un argument qu'il développe tous les jours en faveur de la paix avec ce talent bizarre qui n'est que de l'exercice, se résume en quelques mots : « Nous avons commis une faute en 1866, en n'exigeant pas de la Prusse, comme prix de notre neutralité, les frontières du Rhin et aussi, puisque nous pouvions le faire, une bribe de la Belgique : mais puisque nous avons commis une faute, il faut bien se garder de la réparer. »

O belle logique ! Et le condamné du 5 mars a vraiment trop d'expérience pour ne pas ajouter *in petto :*

— Si l'Empire, qui m'a condamné à cinq mille francs

d'amende pour avoir publié un article, lequel signé d'un autre nom, aurait coûté dix mille francs et un an de prison à son auteur, — si l'Empire qui m'a condamné m'écoute, les événements se chargeront de me venger et je rirai sans doute pour plus de cinq mille francs.

Et M. de Girardin poursuit *sa campagne*, — on appelle cela une campagne dans le journalisme, — en faveur de la paix et il profite de tous les faits, de toutes les complications, de tous les événements, pour développer ses idées *conservatrices*.

Quelques-uns de ses procédés habituels consistent à évoquer le fantôme de l'alliance prusso-italienne, fatale l'année dernière à l'Autriche, mais impuissante contre nous, — et j'ai dit pourquoi, — à demander la révision au profit de l'Italie de la Convention du 15 septembre et à blâmer notre intervention à Rome.

Sans m'arrêter à discuter de nouveau la réalité des dangers que M. de Girardin signale, on peut, en se plaçant au point de vue du droit compté pour rien dans sa politique et non au point de vue des faits comptés pour tout, lui poser quelques questions délicates.

M. de Girardin admet-il que la Convention du 15 septembre fût un traité obligeant étroitement les parties qui l'avaient signé ?

M. de Girardin admet-il que les nations comme les particuliers aient à conserver une foi publique, et que cette foi soit trahie toutes les fois qu'un traité quelconque est violé, que ce soit au nom de la force ou des nécessités d'une situation pénible ?

Enfin, M. de Girardin admet-il que si le gouvernement italien pouvait violer sa parole en envahissant les États du Pape, le gouvernement français pouvait violer la sienne sans déshonneur, sans honte et sans lâcheté en n'intervenant pas énergiquement et sans considérer autre chose que sa loyauté mise en péril ?

M. de Girardin ne sait-il pas que son raisonnement ne tient pas devant le bon sens et la droiture d'une âme française ?

Il évoque devant nous un fantôme pour nous détourner d'une guerre qu'il dit inutile et funeste, et que la France entière croit inévitable et féconde ; mais les politiques de raison savent bien ce que valent les comédies des révolutionnaires italiens. Ils rient de la farce, écartent les acteurs et les comparses lorsqu'ils gênent leur terrain et s'occupent d'autre chose.

Enfin, les organes qui représentent les autres parties de l'élément nationaliste en France, —journaux de Paris parlant avec onction, discrets, recueillis, habiles et perfides, journaux de Londres et de Bruxelles écorchant la langue et le bon sens avec un admirable contentement d'eux-mêmes,— demandent la paix au nom de la liberté qui n'a que faire en leurs discours et en ces affaires, de la fraternité qu'ils pratiquent comme des sauvages, du progrès qu'ils n'ont jamais défini, jamais compris ; tout cela sans doute afin que M. Guéroult, M. Peyrat, M. Neffzer ou quelqu'autre pape puissent jeter à loisir ses fondements de « la société nouvelle. »

« La société nouvelle, » « les exigences de la société nouvelle, » « la constitution de la société nouvelle, » tels sont les mots inattendus, cyniques et malheureux qui se retrouvent toujours sous la plume de certains écrivains de ce groupe libéral et servile qui paraît gouverner l'opinion et en réalité la suit, mais seulement dans ses faiblesses et nullement dans ses grandeurs.

Est-ce habileté trop grande ou sottise ? Qui le dira ? Mais, n'est-ce point en tout cas le comble du vertige ou le dernier degré de l'abaissement d'une intelligence humaine que de parler aujourd'hui et en France d'une société nouvelle, de ses exigences, de ses besoins ?

La société nouvelle ! où la voyez-vous, par hasard ? Est-ce en haut ? Est-ce en bas ? Est-ce parmi vous ou parmi les bonnes gens qui perdent leur temps à vous lire ?

La vérité, vous le savez bien, est qu'il n'y a en France que de vieux éléments qui constituent une société mûre et non vieillie, et que de tous ces éléments celui que vous représentez et au nom duquel vous affirmez l'existence d'une société nouvelle est peut-être le plus vieux, sans doute le moins progressif — et certainement le plus opposé aux *solutions nouvelles*.

Il est de toute évidence, d'ailleurs, que le seul parti qu ait quelque chose à gagner au maintien du régime actue en France, et tout à perdre à la modification ou à l'anéantissement de ce régime, est le grand parti du servilisme libéral.

Rien n'égale, du reste, les contradictions, les hésitations, les compromis de sa politique.

La paix est une nécessité pour ses organes : il faut supporter les insultes diplomatiques des Allemands du Nord, subir les exigences de la Russie, laisser réaliser les projets de l'Amérique, il faut attendre. Pourquoi ? Ils n'en savent ou du moins ils n'en disent rien.

En réalité, si demain un mouvement d'évolution entraînait la France en avant, si un mouvement de réaction la repoussait en arrière, ils seraient, eux, leurs hommes et leurs journaux, balayés du sol politique, du terrain même des discussions, et personne, dans un an, ne se souviendrait de leur existence.

Oui ! il faut une guerre ! Oui ! la guerre est une nécessité extérieure, mais elle est bien plus encore peut-être une nécessité intérieure. La guerre ! parce que, vainqueurs ou vaincus, nous sortirons d'un état qui nous pèse, et que dans un sens ou dans un autre nous nous constituerons honnêtement et logiquement en éliminant les forces parasites qui semblent aujourd'hui retenir et gouverner l'opinion.

Telles sont les tristes réalités de cette politique pseudo-libérale qui exploite la crédulité, l'élévation, le dévouement et le vrai libéralisme du peuple au profit d'ambitions collectives ou personnelles.

Tels sont les raisonnements de ces apôtres de la paix et de la résignation qui furent toujours jusqu'ici, d'ailleurs, des agents de guerre et d'impatience.

Que doit faire la France et que fera-t-elle ?

Elle doit user de l'intégrité de son droit et en user

fièrement par la manifestation de sa pensée tout entière. Or, cette pensée n'est-elle pas une pensée patriotique?

Elle doit juger cette situation, la juger elle-même parce qu'elle est souveraine, parce qu'elle est sage, parce qu'elle est forte, parce qu'elle devra vaincre ou qu'elle devra mourir.

---

## CONCLUSION

Et maintenant où va l'Europe? où va l'Empire?

L'Europe, que l'on voit de toute part assaillie par les étonnements les plus funestes et comme affolée tantôt de craintes, tantôt d'enthousiasmes, marche sans doute vers une transformation sociale qui atteindra les deux principes essentiels de l'organisation actuelle, c'est-à-dire, la famille et la propriété. C'est, à mon sens, une vérité hors de toute controverse que les éléments et les principes nouveaux jetés dans le courant des idées publiques, et dont l'application a été en partie réalisée, doivent un jour trouver une place dans l'ordre social et concourir au même titre que ceux qui sont aujourd'hui universellement reconnus, au progrès général de l'humanité.

Aussi quelque rôle que l'avenir leur réserve, les hommes de courage, de foi et de réflexion doivent-ils se dévouer à cette œuvre future, en aimant et en favorisant la liberté, qui sera l'agent le plus puissant, le plus régulier et le *moins redoutable* de cette transformation progressive.

C'est là le terme normal de l'évolution qui nous entraîne et dont les premières phases nous ont justement épouvantés. Mais, n'y a-t-il pas, sur la voie où l'Europe est engagée, des abîmes à éviter?

Le monde moderne n'a-t-il qu'à marcher en avant, et ne peut-il trouver l'anéantissement et la ruine en suivant toujours les inspirations de ses instincts?

Les pages que l'on vient de lire sont la réponse la plus péremptoire que l'on puisse faire à de telles questions.

Ce tableau presque sinistre et cependant vrai de la situation actuelle montre assez clairement que l'Europe est menacée de mourir, comme les mondes anciens, par le servilisme ou par la barbarie.

Or, il est impossible de nier que cette alternative terrible entre la vie et la mort, entre le progrès et l'abaissement, ne soit le résultat de l'action inopportune, fiévreuse et conséquemment inintelligente des forces révolutionnaires. Les violences des hommes qui les dirigent et qui devraient les régulariser nous ont conduits à un état de désordre et d'anarchie qui nous hébète et nous ruine, qui anéantit en un mot notre fécondité matérielle et morale.

Il faut donc, si l'Europe doit vivre et progresser, que l'Europe se replace dans les conditions normales de la vie et du progrès. Il faut qu'elle fasse l'ordre en elle-même, il faut qu'elle réagisse, — c'est une nécessité déplorable et fatale, — et elle n'a qu'un moyen de faire l'ordre en elle-même et de réagir : la guerre.

La guerre décidera si la vieille civilisation européenne

et occidentale doit se perpétuer en se transformant ou s'écrouler et s'anéantir tout à coup.

Et la nécessité de la guerre étant admise, tout homme jugera, suivant ses sympathies, s'il ne vaut pas mieux la subir immédiatement.

L'Empire, qui s'est maintenu pendant dix-huit ans par une politique d'éclectisme, et qui a ainsi contribué puissamment à créer la situation actuelle de l'Europe est, de même que l'Europe, placé en face d'une alternative suprême. Sa position présente qui résulte logiquement de son passé, offre au point de vue des idées abstraites et en face de l'avenir, une concordance presqu'absolue avec la position de l'Europe entière.

Si, comme tout gouvernement vivace et destiné à se perpétuer, il représente exactement les besoins actuels et futurs de la nation ; si, comme doivent nécessairement l'admettre ses ministres et ses partisans, il peut seul guider la France vers le progrès à venir en maintenant l'ordre présent, il doit comprendre que la France a aujourd'hui comme puissance et comme nation, c'est-à-dire par la vertu de sa situation et de sa race, un intérêt évident à asseoir en Europe le triomphe des idées conservatrices, de l'organisation monarchique, de la politique de pondération et d'équilibre, — intérêt d'influence, intérêt de civilisation, intérêt de fécondité ou de ruine. Il doit comprendre que la France ne peut, sans être elle-même amoindrie, laisser amoindrir la race qu'elle représente et qu'elle soutient depuis mille ans, et perdre par le seul fait d'un changement accompli en dehors d'elle et sur ses frontières, la position qu'elle avait prise dans le monde entier, et qui faisait partout respecter son nom comme un symbole de puissance efficace, de courage et de vertu. Il doit comprendre, enfin, que notre pays ne saurait se résigner à tomber aussi bas que l'Espagne qui ne s'est plus relevée, depuis que Condé acheva de détruire à Rocroy son influence continentale ; qu'il ne pourrait du moins s'y résigner sans combattre, et que si l'on ne donnait satisfaction à ses intincts, il tournerait ses forces et son activité vers les questions intérieures et les dirigerait contre le gouvernement qui voudrait l'empêcher de se jeter dans cette lutte.

En ce cas l'Empire tentera de lier son sort à celui de la nation, il hâtera les solutions en devançant la logique et fera la guerre.

Sans doute, les calculs les plus simples et les plus justes peuvent être déjoués par une intervention plus haute et plus sage que toute action humaine : mais si l'on accorde quelque valeur aux considérations exposées dans cet ouvrage, on sera convaincu que cette guerre sera un malheur et un danger, mais ne saurait être un péril.

La paix seule doit être une faute.

La guerre peut assurer à l'Empire les deux plus grandes forces modernes, — LE TEMPS, LA CONFIANCE :

Le temps ! l'Empire en a besoin pour parfaire son organisme, pour régulariser ses efforts divergents et sans suite, enfin pour créer autour de lui cette influence féconde et cette vertu majeure sans lesquelles un gouvernement n'est à l'abri ni des entreprises des temps, ni des entreprises des hommes, et ne relève pas de lui-même et de lui seul, — *l'influence et la vertu des traditions.*

La confiance ! L'Empire en a besoin pour faire accepter ses actes et pour en défendre l'esprit et les mobiles, pour mettre en un mot ses intentions et ses pratiques au-dessus des soupçons et des audaces.

La paix doit le mettre en face des questions de politique intérieure, — c'est-à-dire en face de sa propre politique.

La paix est une lutte entreprise contre une portion de pays et non avec le pays tout entier.

La paix est pour l'Empire un acte de désespoir.

Je m'arrête sur ces conclusions que j'ai essayé de formuler avec le calme austère qui convient à leur gravité.

Telles sont les conséquences du passé, telles sont les prévisions et les nécessités de l'avenir relativement à la politique extérieure.

L'Empire doit juger et choisir.

Et si j'avais le devoir d'élever ma voix pour le conseil, comme j'ai le droit de l'élever pour la dispute, je répéterais aux ministres du second Empire les paroles si sages et si hautes que M. Thiers vient de faire entendre à la tribune française :

« Vous ne pouvez sortir de la position difficile où vous « êtes que par des actes de franchise et de loyauté. »

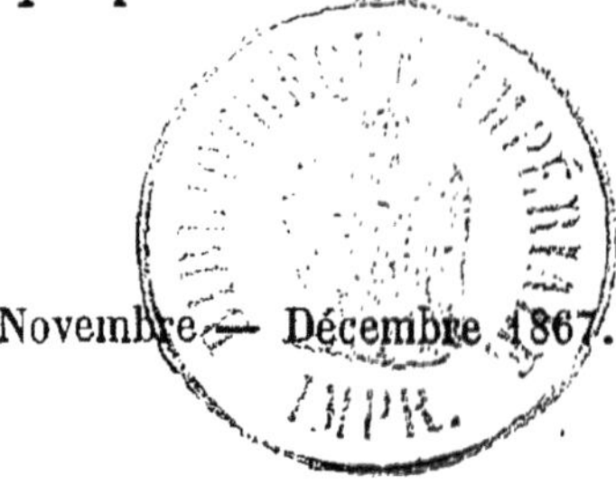

Novembre — Décembre 1867.

Paris. — Typ. Rouge frères, Dunon et Fresné, rue du Four-St-Germain, 43.

www.ingramcontent.com/pod-product-compliance
Ingram Content Group UK Ltd.
Pitfield, Milton Keynes, MK11 3LW, UK
UKHW020142200726
13856UKWH00003B/804

9 782011 77787